é isto um homem?

PRIMO LEVI
é isto um homem?

tradução
Luigi Del Re

Rocco

Título original
SE QUESTO È UN UOMO

Copyright © 1958 e 1976 Giulio Einaudi editores s. p. a., Torino

Direitos mundiais para a língua portuguesa
reservados com exclusividade à
EDITORA ROCCO LTDA.
Rua Evaristo da Veiga, 65 – 11º andar
Passeio Corporate – Torre 1
20031-040 – Rio de Janeiro – RJ
Tel.: (21) 3525-2000 – Fax: (21) 3525-2001
rocco@rocco.com.br / www.rocco.com.br

Printed in Brazil/Impresso no Brasil

preparação de originais
VIVIAN MARA

CIP-Brasil. Catalogação na fonte.
Sindicato Nacional dos Editores de Livros, RJ.

L44e	Levi, Primo
	    É isto um homem? / Primo Levi: tradução de Luigi Del
	Re – Rio de Janeiro: Rocco, 1988.
	
	    Tradução de: Se questo è un uomo
	    ISBN 978-85-325-0346-2
	
	    1. Memorial italiano. I. Del Re, Luigi II. Título.

88-0743	CDD–853 CDU–850-3

O texto deste livro obedece às normas
do Acordo Ortográfico da Língua Portuguesa.

Sumário

Prefácio	7
É isto um homem?	9
A viagem	11
No fundo	25
Iniciação	50
Ka-Be	57
As nossas noites	79
O trabalho	92
Um dia bom	102
Aquém do bem e do mal	112
Os submersos e os salvos	127
Prova de Química	149
O canto de Ulisses	160
Os acontecimentos do verão	171
Outubro de 1944	181
Kraus	192
Die drei Leute vom Labor	199
O último	212
História de dez dias	221

Prefácio

Por minha sorte, fui deportado para Auschwitz só em 1944, depois que o governo alemão, em vista da crescente escassez de mão de obra, resolveu prolongar a vida média dos prisioneiros a serem eliminados, concedendo sensíveis melhoras em seu nível de vida e suspendendo temporariamente as matanças arbitrárias.

Este meu livro, portanto, nada acrescenta, quanto a detalhes atrozes, ao que já é bem conhecido dos leitores de todo o mundo com referência ao tema doloroso dos campos de extermínio. Ele não foi escrito para fazer novas denúncias; poderá, antes, fornecer documentos para um sereno estudo de certos aspectos da alma humana. Muitos, pessoas ou povos, podem chegar a pensar, conscientemente ou não, que "cada estrangeiro é um inimigo". Em geral, essa convicção jaz no fundo das almas como uma infecção latente; manifesta-se apenas em ações esporádicas e não coordenadas; não fica na origem de um sistema de pensamento. Quando isso acontece, porém, quando o dogma não enunciado se torna premissa maior de um silogismo, então, como último elo da corrente, está o Campo de Extermínio. Este é o produto de uma concepção do mundo levada às suas últimas consequências com uma lógica rigorosa. Enquanto a concep-

ção subsistir, suas consequências nos ameaçam. A história dos campos de extermínio deveria ser compreendida por todos como sinistro sinal de perigo.

Sou consciente dos defeitos estruturais do livro e peço desculpas por eles. Se não de fato, pelo menos como intenção e concepção, o livro já nasceu nos dias do Campo. A necessidade de contar "aos outros", de tornar "os outros" participantes, alcançou entre nós, antes e depois da libertação, caráter de impulso imediato e violento, até o ponto de competir com outras necessidades elementares. O livro foi escrito para satisfazer essa necessidade em primeiro lugar, portanto, com a finalidade de liberação interior. Daí, seu caráter fragmentário: seus capítulos foram escritos não em sucessão lógica, mas por ordem de urgência. O trabalho de ligação e fusão foi planejado posteriormente.

Acho desnecessário acrescentar que nenhum dos episódios foi fruto de imaginação.

PRIMO LEVI

É isto um homem?

Vocês que vivem seguros
em suas cálidas casas,
vocês que, voltando à noite,
encontram comida quente e rostos amigos,

    pensem bem se isto é um homem
    que trabalha no meio do barro,
    que não conhece paz,
    que luta por um pedaço de pão,
    que morre por um sim ou por um não.
    Pensem bem se isto é uma mulher,
    sem cabelos e sem nome,
    sem mais força para lembrar,
    vazios os olhos, frio o ventre,
    como um sapo no inverno.

Pensem que isto aconteceu:
eu lhes mando estas palavras.
Gravem-nas em seus corações,

estando em casa, andando na rua,
ao deitar, ao levantar;
repitam-nas a seus filhos.

Ou, senão, desmorone-se a sua casa,
a doença os torne inválidos,
os seus filhos virem o rosto para não vê-los.

A viagem

Fui detido pela Milícia fascista no dia 13 de dezembro de 1943. Eu tinha 24 anos, pouco juízo, nenhuma experiência e uma forte propensão, favorecida pelo regime de segregação ao qual as leis contra os judeus haviam me obrigado durante os últimos quatro anos, a viver num mundo só meu, um tanto apartado da realidade, povoado de racionais fantasmas cartesianos, de sinceras amizades masculinas e minguadas amizades femininas. Cultivava um moderado e abstrato espírito de rebelião.

Não fora fácil, para mim, escolher o caminho da montanha e contribuir para criar o que, na minha opinião e na de alguns amigos pouco mais experientes do que eu, deveria tornar-se um grupo de guerrilheiros ligado ao Movimento "Giustizia e Libertà". Faltavam os contatos, faltavam as armas, o dinheiro e a experiência para consegui-los; faltavam homens capazes; estávamos no meio de um monte de gente sem a menor qualificação; gente de boa ou má-fé, que chegara até lá vinda da planície, à procura de uma organização inexistente, de quadros, de armas, ou apenas de proteção, de um esconderijo, do calor de uma fogueira, de um par de sapatos.

Naquele tempo, ainda não me fora ensinada a doutrina que, mais tarde, eu seria obrigado a aprender rapidamente no campo de concentração: que o primeiro mandamento do homem é perseguir seus intentos por meios idôneos, e que, quem erra, paga. De acordo com essa doutrina, eu não poderia deixar de concluir que tudo o que nos aconteceu foi rigorosamente certo.

Três companhias da Milícia, que tinham saído no meio da noite para surpreender outro grupo de guerrilheiros bem mais forte e perigoso que o nosso, instalado num vale próximo, invadiram de repente nosso refúgio, num espectral alvorecer de neve, e me levaram como pessoa suspeita.

Nos interrogatórios que se seguiram, preferi declarar minha condição de "cidadão italiano de raça judia", imaginando que, de outro modo, eu não poderia justificar minha presença naquele fim de mundo, retirado demais para quem simplesmente quisesse evitar os bombardeios das grandes cidades. Eu acreditava (e estava muito enganado, como aprendi mais tarde) que, se admitisse minha atividade política, não escaparia da tortura e da morte. Como judeu, mandaram-me a Fóssoli, perto de Módena, onde em um grande campo de concentração, anteriormente destinado aos prisioneiros ingleses e americanos, eram reunidas as pessoas pertencentes às várias categorias não gratas ao governo fascista republicano.

Quando lá cheguei, em fins de janeiro de 1944, os judeus italianos no campo eram uns 150. Poucas semanas depois, já passavam de 600. Eram, em geral, famílias inteiras, detidas pelos fascistas ou pelos nazistas porque lhes faltara prudência ou porque alguém as delatara. Havia também uns poucos que se tinham apresentado espontaneamente, devido ao desespero de continuarem vivendo errantes e fugidios, ou por terem ficado sem recurso algum, ou por não quererem separar-se de um parente já detido, ou ainda, absurdamente, para "ficarem dentro da lei". Havia também uma centena de militares iugoslavos, além de outros estrangeiros considerados politicamente suspeitos.

Chegou uma pequena tropa SS, o que deveria esclarecer até os mais otimistas, mas ainda assim conseguimos interpretar essa novidade de várias maneiras, sem chegar à conclusão mais óbvia. De modo que, apesar de tudo, o anúncio da deportação nos pegou despreparados.

No dia 20 de fevereiro, os alemães tinham inspecionado meticulosamente o campo de concentração e feito públicos e veementes protestos junto ao comissário italiano, por causa da má organização da cozinha e insuficiente quantidade de lenha destinada à calefação; até disseram que em breve se instalaria uma enfermaria. Na manhã do dia 21, porém, soube-se que os judeus seriam levados no dia seguinte. Todos, sem exceção. Inclusive as crianças, os velhos, os doentes. Não se sabia para onde. A ordem era preparar-se para uma viagem de quinze dias. Se um prisioneiro faltasse à chamada, dez seriam fuzilados.

Só uns poucos ingênuos e iludidos ainda teimaram em esperar. Nós já conversáramos com os fugitivos poloneses e croatas; sabíamos, portanto, o que significava partir.

Para com os condenados à morte, a tradição prescreve um austero cerimonial, a fim de tornar evidente que já não existem paixão nem raiva; apenas medida de justiça, triste obrigação perante a sociedade, tanto que até o verdugo pode ter piedade da vítima. Evita-se ao condenado, portanto, toda preocupação externa; a solidão lhe é concedida e, se assim ele o desejar, todo conforto espiritual; procura-se, enfim, que não perceba ao redor de si nem ódio, nem arbitrariedade, mas necessidade e justiça e, junto com a pena, o perdão.

Nada disso, porém, nos foi concedido, já que éramos muitos, e pouco o tempo. Além do mais, de que deveríamos nos arrepender ou sermos perdoados? O comissário italiano providenciou para que todos os serviços continuassem funcionando até o anúncio definitivo; na cozinha, trabalhou-se como sempre, nas equipes de limpeza, também; até os professores da pequena escola deram aula à noite, como nas noites anteriores. Só que as crianças não receberam dever para o dia seguinte.

A noite chegou, e todos compreenderam que olhos humanos não deveriam assistir, nem sobreviver a uma noite dessas. Nenhum dos guardas, italianos ou alemães, animou-se a vir até nós para ver o que fazem os homens quando sabem que vão morrer.

Cada um se despediu da vida da maneira que lhe era mais convincente. Uns rezaram, outros se embebedaram; mergulharam alguns em nefanda, derradeira paixão. As mães, porém, ficaram acordadas para preparar com esmero as provisões para a viagem, deram banho nas crianças, arrumaram as malas, e, ao alvorecer, o arame farpado estava cheio de roupinhas penduradas para secar. Elas não esqueceram as fraldas, os brinquedos, os travesseiros, nem todas as pequenas coisas necessárias às crianças e que as mães conhecem tão bem. Será que vocês não fariam o mesmo? Se estivessem para ser mortos, amanhã, junto com seus filhos, será que hoje não lhes dariam de comer?

No barracão nº 6 morava o velho Gattegno, com a mulher, os filhos, os genros, as noras trabalhadeiras. Todos os homens eram marceneiros; vinham de Trípoli, após muitas e longas viagens, sempre tinham levado consigo as ferramentas do ofício, as baterias da cozinha, os acordeões e o violino para tocar e dançar no fim do dia de trabalho, já que eram alegres e tinham fé. As mulheres foram as primeiras a ocupar-se dos preparativos da viagem, caladas e rápidas, para que não faltasse tempo para o luto e, quando tudo ficou pronto, assado o pão, amarradas as trouxas, então tiraram os sapatos, soltaram o cabelo, fincaram no chão as velas fúnebres e as acenderam, conforme o uso de seus antepassados; sentavam em círculo para a lamentação; rezaram e choraram durante toda a noite. Muitos de nós ficaram na frente daquela porta; desceu dentro de nossas almas, nova para nós, a dor antiga do povo sem terra, a dor sem esperança do êxodo, a cada século renovado.

O alvorecer surpreendeu-nos como uma traição; como se o novo dia se aliasse aos homens na determinação de nos destruir. Os diversos sentimentos que se agitavam em nós – de consciente aceitação, de revolta sem saída, de religioso abandono, de medo, de desespero – confluíam agora, depois da noite insone, numa coletiva, descontrolada loucura. O tempo da meditação, o tempo do julgamento haviam acabado, e qualquer impulso razoável derretia-se no tumulto desenfreado, acima do qual emergiam, de repente, dolorosas como punhaladas, as lembranças ainda tão recentes, as boas lembranças de casa.

Falamos de muitas coisas naquelas horas; fizemos muitas coisas; mas é melhor que não permaneçam na memória.

Com a absurda precisão à qual em breve nos acostumaríamos, os alemães fizeram a chamada. Ao final – *Wieviel Stuck?* – perguntou o sargento, e o cabo, batendo continência, respondeu que as "peças" eram 650, e que tudo estava em ordem. Embarcaram-nos, então, nos ônibus e nos levaram até a estação de Cárpi. Lá nos esperavam o trem e a escolta para a viagem. E lá recebemos as primeiras pancadas, o que foi tão novo e absurdo que não chegamos a sentir dor, nem no corpo nem na alma. Apenas um profundo assombro: como é que, sem raiva, pode-se bater numa criatura humana?

Os vagões eram doze, e nós, 650; no meu vagão, havia apenas 45, mas era um vagão pequeno. Ali estava, então, sob nossos olhares, sob nossos pés, um dos famosos comboios alemães, desses que não retornam, dos quais, com um calafrio e com uma pontinha de incredulidade, tantas vezes tínhamos ouvido falar. Era isso mesmo, ponto por ponto: vagões de carga, trancados por fora, e, dentro, homens, mulheres e crianças socados sem piedade, como mercadoria barata, a caminho do nada, morro abaixo, para o fundo.

Cedo ou tarde, na vida, cada um de nós se dá conta de que a felicidade completa é irrealizável; poucos, porém, atentam para a reflexão oposta: que também é irrealizável a infelicidade completa. Os motivos que se opõem à realização de ambos os estados-limite são da mesma natureza; eles vêm de nossa condição humana, que é contra qualquer "infinito". Assim, opõe-se a esta realização o insuficiente conhecimento do futuro, chamado de esperança no primeiro caso e de dúvida quanto ao amanhã, no segundo. Assim, opõe-se a ela a certeza da morte, que fixa um limite a cada alegria, mas também a cada tristeza. Assim, opõem-se as inevitáveis lides materiais que, da mesma forma como desgastam com o tempo toda a felicidade, desviam a cada instante a nossa atenção da desgraça que pesa sobre nós, tornando a sua percepção fragmentária, e, portanto, suportável.

Foram justamente as privações, as pancadas, o frio, a sede que, durante a viagem e depois dela, nos impediram de mergulhar no vazio de um desespero sem fim. Foi isso. Não a vontade de viver, nem uma resignação consciente: dela poucos homens são capazes, e nós éramos apenas exemplares comuns da espécie humana.

As portas foram trancadas imediatamente, mas o trem só partiu à noite. Soubemos com alívio qual era o nosso destino: Auschwitz. Um nome que, para nós, nada significava, mas que deveria corresponder a algum lugar deste mundo.

O trem viajava devagar, com longas e enervantes paradas. Pelas frestas, vimos desfilar as altas e pálidas rochas do Vale do Ádige, os últimos nomes de cidades italianas. Cruzamos a fronteira, o Passo do Brennero, às doze horas do segundo dia; todos levantaram, mas ninguém disse nada. Eu tinha no coração o pensamento do retorno e, cruelmente, imaginava qual seria a alegria sobre-humana dessa nova passagem, com as portas dos vagões escancaradas (ninguém pensaria em fugir) e os primeiros nomes italianos... Olhei ao meu redor, e pensei quantos, desse mísero pó humano, seriam eleitos pelo destino.

Das 45 pessoas do meu vagão, só quatro tornaram a ver as suas casas; e o meu vagão foi, de longe, o mais afortunado.

Sofríamos com a sede e o frio; a cada parada, gritávamos pedindo água, ou ao menos um punhado de neve, mas raramente fomos ouvidos; os soldados da escolta afastavam quem tentasse aproximar-se do comboio. Duas jovens mães, com crianças de peito, queixavam-se dia e noite implorando por água. Havia também a fome, a fadiga, a falta de sono, mas a mesma tensão nervosa as mitigava. As noites, porém, eram pesadelos sem fim.

São poucos os homens que sabem enfrentar a morte com dignidade, e nem sempre são aqueles de quem poderíamos esperar. Poucos sabem calar e respeitar o silêncio alheio. Frequentemente, o nosso sono inquieto era interrompido por brigas barulhentas e fúteis, por imprecações, por socos e pontapés largados às cegas, reagindo contra algum contato incômodo, mas inevitável. Então alguém acendia a chama mortiça de uma vela, revelando no chão um escuro fervilhar, uma massa humana confusa e contínua, entorpecida e sofrendo, erguendo-se aqui e acolá em convulsões repentinas, logo sufocadas pelo cansaço.

Pela fresta, alguns nomes conhecidos e outros estranhos de cidades austríacas, Salzburg, Viena; depois, thcecas; por fim, polonesas. Na noite do quarto dia, o frio ficou mais pungente; o trem corria entre escuros pinheirais sem fim, sempre subindo. A neve era alta. Deveríamos estar em uma linha secundária, pois as estações eram pequenas e quase desertas. Ninguém tentava mais comunicar-se com o mundo externo; sentíamo-nos "do outro lado". Houve uma longa parada na campina aberta; logo a marcha recomeçou, lenta, lentíssima, até que o comboio parou definitivamente, no meio da noite, numa planície escura e silenciosa.

Ao lado dos trilhos, enxergavam-se fileiras de luzes brancas e vermelhas, a perder de vista; nada, porém, daquele zumbido confuso que denota os povoados ao longe. Na pobre luz da última vela, emudecidos o ritmo dos trilhos e todo som humano, esperávamos que algo acontecesse.

Ao meu lado, apertada como eu, entre corpo e corpo, ficara, durante a viagem toda, uma mulher. Conhecíamo-nos havia muitos anos, e a desgraça nos surpreendera juntos; pouco, porém, sabíamos um do outro. Falamos então, na hora da decisão, de coisas das quais não se costuma falar entre os vivos. Despedimo-nos brevemente; cada um despediu-se, do outro, da vida. Já não tínhamos medo.

O desfecho chegou de repente. A porta foi aberta com fragor, a escuridão retumbou com ordens estrangeiras e com esses bárbaros latidos dos alemães ao mandar, parecendo querer libertar-se de uma ira secular. Vimos uma larga plataforma iluminada por holofotes. Mais longe, uma fila de caminhões. Em seguida, silêncio. Alguém traduziu: devíamos desembarcar e depositar a bagagem no chão, ao lado do trem. Num instante, a plataforma fervilhou de sombras, mas receávamos quebrar esse silêncio, todos lidavam com a sua bagagem, procuravam-se, chamavam-se, timidamente, porém, e em voz baixa.

Uma dúzia de SS estava à parte, com ar indiferente, plantados de pernas abertas, mas logo meteram-se entre nós e, em voz baixa, com rostos impassíveis, começaram a nos interrogar, um a um, em mau italiano. Não interrogavam todos; só alguns. – Idade? São ou doente? – e, conforme a resposta, indicavam duas direções diferentes.

Tudo era silêncio, como num aquário e como em certas cenas de sonhos. Teríamos esperado algo mais apocalíptico, mas eles pareciam simples guardas. Isso deixava-nos desconcertados, desarmados. Alguém ousou perguntar pela bagagem; responderam: "Bagagem depois"; outros não queriam separar-se da mulher; responderam: "Depois, de novo juntos"; muitas mães não queriam separar-se dos filhos; responderam: "Está bem, ficar com filho." Sempre com a pacata segurança de quem apenas cumpre com sua tarefa diária; mas Renzo demorou um instante a mais ao se despedir de Francesca, sua noiva, e derrubaram-no com um único soco na cara. Essa também era a tarefa diária.

Em dez minutos, todos nós, homens válidos, fomos reunidos num grupo. O que aconteceu com os demais, mulheres, crianças e velhos, nunca pudemos descobrir, nem na época, nem depois. Foram, simplesmente, tragados pela noite. Hoje, porém, sabemos muito bem que, nessa escolha rápida e sumária, tinha-se julgado, para cada um de nós, se poderia ou não trabalhar de maneira útil para o Reich; sabemos que nos campos de Buna-Monovitz e Birkenau só entraram 96 homens e 29 mulheres do nosso trem, e que de todos os restantes (mais de 500) nenhum vivia mais dois dias depois. Também sabemos que nem sempre foi seguido esse critério, ainda que tênue, de discriminação entre hábeis e inábeis e que, mais tarde, frequentemente adotou-se o sistema de abrir simultaneamente as portas dos dois lados dos vagões, sem aviso algum, nem instruções, aos recém-chegados. Entravam no campo os que, casualmente, tinham descido por um lado "certo"; os do outro lado iam para a câmara de gás.

Foi assim que morreu Emília, uma menina de 3 anos, já que aos alemães configurava-se evidente a necessidade histórica de mandar à morte as crianças judias. Emília, filha do engenheiro Aldo Levi de Milão, era uma criança curiosa, ambiciosa, alegre e inteligente. Durante a viagem, no vagão lotado, seus pais tinham conseguido dar-lhe um banho numa bacia de zinco, em água morna que o degenerado maquinista alemão consentira em tirar da locomotiva que nos arrastava para a morte.

Assim, de repente, à traição, desapareceram nossas mulheres, nossos pais, nossos filhos. Praticamente ninguém teve como se despedir deles. Ainda os vimos um tempo, massa escura no fim da plataforma; logo depois, não vimos mais nada.

Emergiram, em compensação, na luz dos holofotes, dois grupos de sujeitos estranhos. Caminhavam em linhas de três, com um andar esquisito, atrapalhado, a cabeça baixa, os braços rígidos. Um boné ridículo, uma longa túnica listrada que, apesar da escuridão e da distância, adivinhava-se esfarrapada e imunda. Deram uma larga volta ao redor de nós, sem aproximar-se, e, silenciosamente, começaram a remexer em nossa bagagem, a subir e descer dos vagões vazios.

Entreolhávamo-nos sem dizer uma palavra. Tudo era incompreensível e louco, mas entendêramos algo: aquela era a metamorfose que nos esperava. Amanhã, nós também estaríamos assim.

Sem saber como, achei-me num caminhão, junto com uns 30 companheiros, arrancando a toda, na escuridão. Estava fechado, não era possível olhar para fora, porém, pelas sacudidas, sabia-se que a estrada era cheia de curvas e buracos. Estaríamos sem escolta? E se nos jogássemos para baixo? Tarde demais: íamos todos "morro abaixo". Por outro lado, descobrimos logo que uma escolta nos acompanhava. Um soldado alemão, hirto de armas. Não dava para enxergá-lo, devido à escuridão fechada, mas sentíamos seu contato duro, cada vez que uma sacudida do veículo nos atirava embolados para a direita ou para a esquerda. Ligou uma lanterna de mão, e, em vez de gritar: "Ai de vós, almas danadas!"* perguntou gentilmente, um a um, em alemão e em francês, se tínhamos relógios ou dinheiro para dar-lhe; de qualquer modo, já não nos serviriam para nada. Não se tratava de uma ordem nem de um regulamento, mas visivelmente de uma pequena iniciativa pessoal do nosso Caronte. Isso causou entre nós raiva, riso e um estranho alívio.

---

* É a maldição que Caronte lança contra os danados, ao transportá-los em sua balsa além do Aqueronte, para o Inferno. Dante, *Inf.* III, trad. Cristiano Martins. (N. do T.)

No fundo

A viagem levou uns vinte minutos. O caminhão parou; via-se um grande portão e, em cima do portão, uma frase bem iluminada (cuja lembrança ainda hoje me atormenta nos sonhos): ARBEIT MACHT FREI – o trabalho liberta.

Descemos, fazem-nos entrar numa sala ampla, nua e fracamente aquecida. Que sede! O leve zumbido da água nos canos da calefação nos enlouquece: faz quatro dias que não bebemos nada. Há uma torneira e, acima, um cartaz: proibido beber, água poluída. Besteira: é óbvio que o aviso é um deboche. "Eles" sabem que estamos morrendo de sede, botam-nos numa sala, há uma torneira e *Wassertrinken verboten*. Bebo, e convido os companheiros a beber também, mas logo cuspo fora a água: está morna, adocicada, com cheiro de pântano.

Isto é o inferno. Hoje, em nossos dias, o inferno deve ser assim: uma sala grande e vazia, e nós, cansados, de pé, diante de uma torneira gotejante mas que não tem água potável, esperando algo certamente terrível, e nada acontece, e continua não acontecendo nada. Como é possível pensar? Não é mais possível; é como se estivéssemos mortos. Alguns sentam no chão. O tempo passa, gota a gota.

Não estamos mortos: abre-se a porta, entra, fumando, um sargento SS. Olha-nos sem pressa; pergunta: – *Wer kann Deutsch?* – Adianta-se um de nós que eu nunca vira, chama-se Flesch; será nosso intérprete. O SS fala longa e tranquilamente; o intérprete traduz. Devemos formar filas de cinco, deixando um espaço de dois metros entre um e outro; a seguir, despir-nos e fazer uma trouxa com nossas roupas conforme critério determinado, as peças de lã de um lado, o resto doutro; tirar os sapatos, com cuidado para que não nos sejam roubados.

Roubados? Por quem? Por que deveriam roubar nossos sapatos? E os nossos documentos? E o pouco que ainda guardamos nos bolsos? E os relógios? Olhamos todos para o intérprete, o intérprete pergunta ao alemão e o alemão continua fumando, olha através dele como se fosse transparente, como se ninguém tivesse falado.

Eu nunca tinha visto velhos nus. O Sr. Bergmann usa um cinto herniário; pergunta ao intérprete se deve tirá-lo e o intérprete vacila. O alemão compreende, porém; fala sério ao intérprete indicando alguém; o intérprete engole em seco e traduz: – O sargento diz que o senhor tire o cinto e que receba o do Sr. Coen. Nota-se que as palavras saem amargas da boca de Flesch; foi este o jeito do alemão rir de nós.

Logo vem outro alemão, diz que devemos colocar os sapatos num canto, e assim fazemos, porque tudo já acabou, sentimos que estamos fora do mundo, que só nos resta obedecer. Chega um sujeito de vassoura que leva os sapatos todos, varrendo-os para fora da porta, todos juntos, numa pilha só. Está maluco, vai misturá-los todos, noventa e seis pares de sapatos. A porta dá para fora, entra um vento gelado, estamos nus, cobrimos o ventre com os braços. Um golpe de vento bate a porta; o alemão torna a abri-la, fica olhando, absorto, como nos contorcemos uns detrás dos outros para abrigar-nos; depois sai, tornando a fechá-la.

Segundo ato. Quatro homens entram bruscamente com pincéis, navalhas e tesouras para tosquia. Usam calças e casacos listrados, um número costurado no peito, devem ser da mesma espécie daqueles desta noite (ou da noite passada?), mas estes são robustos e saudáveis. Fazemos perguntas e mais perguntas; eles simplesmente nos agarram, e num instante estamos barbeados e tosquiados. Com que caras ridículas ficamos sem cabelos! Os quatro falam uma língua que não parece ser deste mundo; alemão, em todo caso, não é; um pouco de alemão eu já entendo.

Por fim, abre-se outra porta; aqui estamos todos, trancados, nus, tosquiados e de pé, com os pés na água, é a sala das duchas. Estamos sozinhos; pouco a pouco o assombro cede, falamos, todo mundo pergunta, ninguém responde. Estarmos nus numa sala de duchas, quer dizer que vamos tomar banho. Tomarmos banho, quer dizer que não nos vão matar – ainda. Por que, então, nos deixam aqui de pé e não nos dão de beber e ninguém nos explica nada; e estamos sem sapatos, sem roupa, com os pés na água, e faz frio, e há cinco dias que viajamos e nem podemos sentar?

E as nossas mulheres?

O engenheiro Levi pergunta se acho que elas também estão na mesma situação que nós, neste instante, e onde será que estão, e se poderemos revê-las. Respondo que sim, porque ele é casado e tem uma filhinha; claro que tornaremos a vê-las. Eu, porém, já tenho a impressão de que tudo isto é apenas um enorme aparato para caçoar de nós e rebaixar-nos; é claro que vão nos matar, só um louco poderia cair no conto, pensar que continuará vivendo, mas eu não, não caí, entendi que em breve tudo estará acabado, talvez nesta mesma sala, quando eles estiverem cansados de nos ver nus, saltando de um pé para o outro, tentando, de vez em quando, sentar no chão e não podendo fazê-lo porque ali há um palmo de água fria.

Caminhamos de um lado para o outro e falamos, cada um fala com os demais, e isso resulta num grande barulho. Abre-se a porta, entra um alemão, é o sargento de antes; fala brevemente, o intérprete traduz: – O sargento mandou ficarem calados, isto não é uma escola rabínica.

Vê-se que as palavras, estas palavras maldosas, que não são dele, fazem repuxar a sua boca, como se ele cuspisse um bocado nojento. Rogamos que pergunte o que estamos esperando, quanto tempo ainda vamos ficar aqui, que pergunte pelas nossas mulheres, que pergunte tudo, mas não, ele diz que não, que não quer fazer perguntas. Esse Flesch, que contra a sua vontade concorda em traduzir para o italiano frases alemãs geladas, e que se recusa a verter para o alemão as nossas perguntas, porque sabe que não adianta, é um judeu alemão de uns 50 anos, que tem no rosto a larga cicatriz de uma ferida recebida na Primeira Guerra Mundial, lutando contra os italianos no Rio Piave. É um homem retraído e caladão, pelo qual sinto um espontâneo respeito, porque compreendo que começou a sofrer antes de nós.

O alemão se retira; agora ficamos em silêncio, embora um tanto constrangidos por ficarmos em silêncio. Ainda é noite, e nos perguntamos se vai voltar a ser dia. Abre-se novamente a porta, entrando um camarada de roupa listrada. Ele é diferente dos outros; é mais idoso, usa óculos, tem mais cara de gente, é bem menos robusto. Fala conosco, e fala italiano.

Nada mais nos assombra. Parece-nos assistir a alguma peça maluca, dessas onde as bruxas, o Espírito Santo e o Diabo aparecem no palco. Ele fala italiano, mas com dificuldade, com forte sotaque estrangeiro. Faz um longo discurso, é gentil, procura responder a todas as nossas perguntas.

Estamos em Monowitz, perto de Auschwitz, na Alta Silésia, uma região onde vivem alemães e poloneses. Este é um Campo de trabalho (em alemão chama-se *Arbeitslager*); todos os prisioneiros, uns dez mil, trabalham na instalação de uma fábrica de borracha de nome Buna; o Campo, portanto, também se chama Buna.

Receberemos sapatos e roupas; não, não as nossas: outros sapatos, outra roupa, igual à dele. Estamos nus à espera da ducha e da desinfecção, que se realizarão logo depois da alvorada, porque não se pode entrar no Campo senão depois da desinfecção.

Claro, teremos que trabalhar, aqui todo mundo trabalha. Há, porém, trabalhos diferentes; ele, por exemplo, é médico; um médico húngaro que estudou na Itália. É o dentista do Campo. Vive no Campo há quatro anos – não só neste, não – Buna existe há apenas um ano e meio. Apesar de tudo, como podemos ver, ele está bem, nem está tão magro assim. Por que está no Campo? É judeu como nós? – Não – responde com naturalidade. – Sou um criminoso.

Continuamos com as perguntas; às vezes ele ri, às vezes responde, outras não; nota-se que evita certos assuntos. Das mulheres não fala; diz que estão bem, que em breve tornaremos a vê-las. Mas como? Onde? Conta-nos outras coisas, coisas estranhas e absurdas; talvez ele também esteja caçoando de nós. Ou talvez esteja meio louco: no Campo, a gente enlouquece. Conta que todos os domingos há concertos e jogos de futebol. Diz que quem é bom boxeador tem chance de ganhar uma vaga como cozinheiro. Que quem trabalha bem recebe bônus-prêmios com os quais pode comprar tabaco e sabão. Que a água, realmente, não é potável, mas que a cada dia recebe-se um café de cevada, só que em geral ninguém o toma, já que a sopa é tão aguada que, sozinha, basta para aplacar a sede. Rogamos que nos consiga algo para beber; responde que não pode, que veio às escondidas, contrariando ordens dos SS, já que não passamos pela desinfecção, e que tem que ir embora logo; veio porque simpatiza com os italianos e porque "tem um pouco de coração". Perguntamos ainda se há outros italianos no Campo; responde que há alguns, poucos, não sabe quantos, e muda de assunto. Nesse meio-tempo, toca um sino, ele desaparece correndo, deixando-nos atônitos, transtornados. Alguns sentem-se mais sossegados; eu não, continuo pensando que até o dentista, esse cara enigmático, está brincando conosco; não quero acreditar em nada do que disse.

Ao toque de sino, o campo escuro vai acordando. De repente, a água sai fervendo das duchas – cinco minutos divinos. Logo, porém, irrompem quatro pessoas (os barbeiros, talvez), que, à força de gritos e empurrões, nos mandam, molhados e fumegantes, para a gélida sala ao lado. Lá, outros tipos atiram-nos, berrando, sei lá que trapos esfarrapados e nos socam na mão uns sapatões de sola de madeira. Não temos nem o tempo de compreender, e já nos encontramos ao ar livre, na neve azulada e gelada do amanhecer, e, nus e descalços, com nossa trouxa na mão, devemos correr até outro barraco, a uns cem metros de distância. Lá, podemos vestir-nos.

Ao terminar, cada qual fica em seu canto, sem ousar levantar o olhar para os demais. Não há espelhos, mas a nossa imagem está aí na nossa frente, refletida em cem rostos pálidos, em cem bonecos sórdidos e miseráveis. Estamos transformados em fantasmas como os que vimos ontem à noite.

Pela primeira vez, então, nos damos conta de que a nossa língua não tem palavras para expressar esta ofensa, a aniquilação de um homem. Num instante, por intuição quase profética, a realidade nos foi revelada: chegamos ao fundo. Mais para baixo não é possível. Condição humana mais miserável não existe, não dá para imaginar. Nada mais é nosso: tiraram-nos as roupas, os sapatos, até os cabelos; se falarmos, não nos escutarão – e, se nos escutarem, não nos compreenderão. Roubarão também o nosso nome, e, se quisermos mantê-lo, deveremos encontrar dentro de nós a força para tanto, para que, além do nome, sobre alguma coisa de nós, do que éramos.

Bem sei que, contando isso, dificilmente seremos compreendidos, e talvez seja bom assim. Mas que cada um reflita sobre o significado que se encerra mesmo em nossos pequenos hábitos de todos os dias, em todos esses objetos nossos, que até o mendigo mais humilde possui: um lenço, uma velha carta, a fotografia de um ser amado. Essas coisas fazem parte de nós, são algo como os órgãos de nosso corpo; em nosso mundo é inconcebível pensar em perdê-las, já que logo acharíamos outros objetos para substituir os velhos, outros que são nossos porque conservam e reavivam as nossas lembranças.

Imagine-se, agora, um homem privado não apenas dos seres queridos, mas de sua casa, seus hábitos, sua roupa, tudo, enfim, rigorosamente tudo que possuía; ele será um ser vazio, reduzido a puro sofrimento e carência, esquecido de dignidade e discernimento – pois quem perde tudo, muitas vezes perde também a si mesmo; transformado em algo tão miserável, que facilmente se decidirá sobre sua vida e sua morte, sem qualquer sentimento de afinidade humana, na melhor das hipóteses considerando puros critérios de conveniência. Ficará claro, então, o duplo significado da expressão "Campo de extermínio", bem como o que desejo expressar quando digo: chegar no fundo.

Häftling: aprendi que sou um *Häftling*. Meu nome é 174.517; fomos batizados, levaremos até a morte essa marca tatuada no braço esquerdo.

A operação foi pouco dolorosa e extraordinariamente rápida: colocaram-nos numa fila e, um por um, conforme a ordem alfabética dos nossos nomes, passamos por um hábil funcionário, munido de uma espécie de punção com uma agulha minúscula. Ao que parece, esta é a verdadeira iniciação: só "mostrando o número" recebem-se o pão e a sopa. Necessitamos de vários dias e de muitos socos e bofetadas, até criarmos o hábito de mostrar prontamente o número, de modo a não atrapalhar as cotidianas operações de distribuição de víveres; necessitamos de semanas e meses para acostumarmo-nos ao som do número em alemão. E durante muitos dias, quando o hábito da vida em liberdade me levava a olhar a hora no relógio, no pulso aparecia-me, ironicamente, meu novo nome, esse número tatuado em marcas azuladas sob a pele.

Só bem mais tarde, pouco a pouco, alguns de nós aprenderam algo da macabra ciência dos números de Auschwitz, na qual se resumem as etapas da destruição do judaísmo europeu. Aos velhos do Campo, o número revela tudo: a época da entrada no Campo, o comboio com o qual se chegou e, consequentemente, a nacionalidade. Todos tratarão com respeito os números entre 30 mil e 80 mil: sobraram apenas algumas centenas, assinalam os poucos sobreviventes dos guetos poloneses. Convém abrir bem os olhos ao entrar-se em relações comerciais com um 116 mil ou 117 mil: já devem estar reduzidos a uns 40, mas trata-se dos gregos de Tessalônica, não devemos deixar-nos enrolar. Quanto aos números mais altos, carregam uma nota de leve ironia, como acontece para os termos "novato" ou "calouro" na vida normal. O grande número típico é um sujeito barrigudo, dócil e burro, ao qual se pode fazer acreditar que na enfermaria distribuem sapatos de couro para pés delicados, convencê-lo a correr lá, deixando a sua gamela de sopa "aos nossos cuidados"; pode-se vender-lhe uma colher por três rações de pão; pode-se mandá-lo até o mais feroz dos *Kapos* para perguntar (aconteceu comigo!) se é verdade que o seu Comando é o *Kartoffelschäl Kommando*, o Comando-de-Descascar-Batatas, e se é possível alistar-se nele.

Por outra parte, o processo todo de inserir-se nesta ordem, nova para nós, acontece de forma grotesca e fantástica. Depois da operação tatuagem, encerraram-nos num barracão onde não havia ninguém. Os beliches estavam arrumados, mas nos foi severamente proibido tocá-los ou sentar neles; assim, durante metade do dia vagamos sem rumo no pouco espaço disponível, atormentados ainda pela sede exasperada da viagem. Abriu-se, então, a porta; entrou um rapazote de roupa listrada, de boa aparência, pequeno, magro e loiro. Este falava francês, e nos aglomeramos ao seu redor, bombardeando-o com todas as perguntas que até então nos fizéramos uns aos outros inutilmente.

Mas ele pouco falou; aqui, ninguém gosta de falar. Somos novatos, nada temos, nada sabemos; para que perder tempo conosco? A contragosto, esclareceu que os demais saíram para trabalhar; que voltarão à noite. Ele teve alta de manhã da enfermaria; por isso não precisava trabalhar hoje. Perguntei (com uma ingenuidade que, apenas uns dias depois, já me pareceria absurda) se ao menos receberíamos de volta as escovas de dentes. Ele não riu, mas com uma expressão de extremo desprezo jogou-me à cara: – *Vous n'êtes pas à la maison*. – Este é o refrão que todos nos repetem: vocês não estão mais em casa, isto não é um sanatório, daqui só se sai pela Chaminé (o que significa isso? Já vamos sabê-lo).

Por exemplo: com toda aquela sede, vi, do lado de fora da janela, ao alcance da mão, um bonito caramelo de gelo. Abro a janela, quebro o caramelo, mas logo adianta-se um grandalhão que está dando voltas lá fora e o arranca brutalmente da minha mão. – *Warum?* – pergunto, em meu pobre alemão. – *Hier ist kein Warum* – (aqui não existe "por quê"), responde, empurrando-me para trás.

A explicação é repugnante, porém simples: neste lugar tudo é proibido, não por motivos inexplicáveis e sim porque o Campo foi criado para isso. Se quisermos viver aqui, teremos de aprendê-lo, bem e depressa:

*"Qui non ha luogo il Santo Volto,
qui si nuota altrimenti che nel Serchio!"**

Hora após hora, vai se acabando este primeiro longo, longo dia no limiar do inferno. Quando o sol se põe num redemoinho de sombrias nuvens cor de sangue, finalmente mandam-nos sair do barracão. Será que vão dar-nos de beber? Não, eles nos põem em fila, mais uma vez, levam-nos até um grande espaço aberto que ocupa o centro do Campo, e lá nos colocam, cuidadosamente formados. Depois, nada acontece por mais uma hora; parece que estamos esperando por alguém.

Uma banda de música começa a tocar, ao lado do portão do Campo; toca "Rosamunda", essa canção popular sentimental, e isso nos parece tão absurdo que nos entreolhamos sorrindo com escárnio. Nasce em nós uma sombra de alívio; talvez essas cerimônias todas sejam apenas uma gigantesca palhaçada, ao gosto teutônico. A banda, porém, depois de "Rosamunda", continua tocando uma música após outra, e lá aparecem nossos companheiros,

---

* "O Rosto Santo não tens mais à frente / Já não estás no Sérquio aqui nadando!" (Dante, Inferno, XXI. Trad. Cristiano Martins). Ou seja: "Aqui não é como nadar no riozinho da aldeia!" (N. do T.)

voltando em grupos do trabalho. Marcham em filas de cinco, com um andar estranho, não natural, duro, como rígidos bonecos feitos só de ossos; marcham, porém, acompanhando exatamente o ritmo da música.

Eles também formam-se como nós, numa ordem meticulosa, na grande praça; uma vez chegado o último grupo, somos contados e recontados durante mais de uma hora; têm lugar longos controles que parecem convergir, todos, para um sujeito de roupa listrada, o qual por sua vez transmite seu relatório a um grupinho de SS em completo equipamento de guerra.

Por fim (já escureceu, mas o Campo é intensamente iluminado por faróis e holofotes), ouve-se gritar: – *Absperre!* e todos os grupos se desmancham num vaivém confuso e turbulento. Os prisioneiros já não caminham rígidos, de peito estufado; cada qual se arrasta penosamente. Reparo que todos levam na mão, ou pendurada no cinto, uma gamela quase do tamanho de uma bacia.

Nós também, os recém-chegados, andamos no meio da multidão, à procura de uma voz familiar, de um rosto amigo, de um guia. Encostados na parede de um barracão estão sentados, no chão, dois rapazes. Parecem bem jovens, 16 anos no máximo; ambos têm o rosto e as mãos sujos de fuligem. Um deles me chama enquanto passamos; em alemão faz-me umas perguntas que não entendo; quer saber de onde viemos. – *Italien* – respondo; gostaria de lhe perguntar muita coisa, mas o meu vocabulário alemão é reduzidíssimo.

– Você é judeu?

– Sim. Judeu polonês.

– Faz muito que está no Campo?

– Três anos. – E mostra três dedos. Deve ter entrado ainda criança, penso com horror. Por outro lado, isso significa que pelo menos alguém consegue viver aqui.

– Qual é o seu trabalho?

– *Schlosser* – responde. Não compreendo. – *Eisen; Feuer* (ferro, fogo) – insiste, e faz um gesto com as mãos, de quem bate com um martelo na bigorna. É um ferreiro.

– *Ich Chemiker* – digo, e ele acena sério com a cabeça: – *Chemiker gut*. – Tudo isso, porém, só tem a ver com o remoto futuro. O que me atormenta, agora, é a sede.

– Beber água. Nós nada água – digo. Ele olha com rosto sério, quase severo, acentua cada palavra: – Não beber água, companheiro – e acrescenta algo mais que não entendo.

– *Warum?*

– *Geschwollen* – responde, laconicamente. – Inchado – explica, inflando as bochechas e representando com as mãos monstruosa tumescência do rosto e do ventre. – *Warten bis heute abend*. – Esperar até hoje noite, traduzo, palavra por palavra.

Logo pergunta: – *Ich* Schlome. *Du?* – Digo meu nome. Pergunta: – Onde tua mãe? – Na Itália. – Schlome estranha: – Judia, na Itália? – Sim – tento explicar –, escondida, ninguém conhece, fugir, não falar, ninguém ver. – Compreendeu. Levanta-se, aproxima-se de mim, timidamente me abraça. Terminou o episódio e sinto uma tristeza tão pura que é quase alegria. Nunca mais vi Schlome, mas não esqueci seu rosto sério e suave de criança, que me recebeu no umbral da casa dos mortos.

Muitíssimas coisas ainda deverão ser aprendidas; muitas, porém, já aprendemos. Já temos ideia da topografia do Campo: este nosso Campo é um quadrado de uns 600 metros de lado, fechado com duas cercas de arame farpado, sendo a de dentro ligada à corrente de alta tensão. Consta de 60 barracos de madeira, aqui chamados Blocos; destes, uma dezena ainda está em construção. Além dos Blocos, o conjunto, em material, das cozinhas; uma granja experimental, cuidada por um grupo de *Häftlinge* privilegiados; os barracos das duchas e das latrinas, um para cada seis ou sete Blocos. E mais, alguns Blocos destinados a finalidades especiais: antes de tudo, um conjunto de oito, na extremidade leste do Campo, constitui a enfermaria e o ambulatório; há, logo, o Bloco 24, o Krätzeblock, para os sarnentos; o Bloco 7, no qual nunca entrou nenhum *Häftling* comum, reservado à *Prominenz*, ou seja, à aristocracia, aos prisioneiros incumbidos de funções superiores; o Bloco 47, para o *Reichsdeutsche* (os arianos alemães, políticos ou criminosos); o Bloco 49, só para *Kapos*; o Bloco 12, metade do qual funciona como cantina, para os *Reichsdeutsche* e os *Kapos*, ou seja, para a distribuição de tabaco, pó inseticida e, ocasionalmente, outros artigos; o Bloco 37, contendo o Escritório Central e a Chefia do Trabalho; e, por fim, o Bloco 29, que fica sempre com as janelas fechadas, porque é o *Frauenblok*, o Bloco das Mulheres, o prostíbulo do Campo, servido por moças *Häftlinge* polonesas e reservado aos *Reichsdeutsche*.

Os Blocos residenciais comuns dividem-se em dois setores: num deles (*Tagesraum*) mora o chefe do Bloco com seus amigos; há uma longa mesa, cadeiras, bancos; um monte de objetos de cores vivas, fotos, recortes de revistas, desenhos, flores artificiais, bibelôs; nas paredes, grandes inscrições, provérbios e versinhos exaltando a ordem, a disciplina, a higiene; num canto, a vitrina com os apetrechos do *Blockfrisör* (barbeiro autorizado), as conchas para distribuir a sopa, e dois cacetes de borracha, oco um, maciço outro, para manter a disciplina supracitada. O segundo setor é o dormitório e só contém beliches: 148 beliches de três camas cada um, encaixadinhos um no outro como células de colmeias, de modo a aproveitar todo o vão, até o teto, e divididos por três corredores. Aqui vivem os comuns *Häftlinge*, em número de 200 a 250 por Bloco; na maioria dos casos, portanto, dois para cada cama. As camas são de tábuas removíveis, cada uma com um fino colchão de palha e dois cobertores. Os corredores são tão estreitos, que mal dão para duas pessoas se cruzarem; o espaço disponível é tão pequeno, que os moradores de um Bloco só cabem nele quando a metade está deitada nos beliches. Daí a proibição de entrar num Bloco ao qual não se pertence.

No meio do Campo está a Praça da Chamada, imensa, onde a gente se reúne cada manhã para formar os grupos de trabalho, e à noite para ser contado. Na frente da praça há um canteiro, com a grama cuidadosamente aparada: lá são armadas as forcas, quando necessário.

Aprendemos rapidamente que os hóspedes do Campo dividem-se em três categorias: os criminosos, os políticos e os judeus. Todos vestem roupa listrada, todos são *Häftlinge*, mas os criminosos levam, ao lado do número, costurado no casaco, um triângulo verde; os políticos, um triângulo vermelho; os judeus, que formam a grande maioria, levam a Estrela de David, vermelha e amarela. Os SS estão aqui, sim; poucos, porém, fora do Campo, e raramente aparecem. Nossos verdadeiros patrões são os triângulos verdes, que podem fazer de nós o que querem, e, além deles, os das outras duas categorias que se prestem a secundá-los. E estes não são poucos.

Outras coisas aprendemos ainda, uns mais, outros menos rapidamente, conforme o temperamento de cada um. A responder: *Jawohl!*, a não fazer nunca perguntas, a fingir ter compreendido sempre. Aprendemos o valor dos alimentos; nós também, agora, raspamos o fundo da gamela, e a seguramos debaixo do queixo quando comemos pão, para não desperdiçar migalhas. Nós também, agora, sabemos que não é a mesma coisa receber uma concha de sopa retirada da superfície, ou do fundo do panelão, e já estamos em condições de calcular, na base da capacidade dos diversos panelões, qual é o lugar mais conveniente quando entramos na fila.

Aprendemos que tudo serve: o pedaço de arame, para amarrar os sapatos; os trapos, para envolver os pés; o papel, para forrar (embora proibido) o casaco contra o frio. Aprendemos que, por outro lado, tudo pode ser roubado; aliás, que é, automaticamente, roubado ao menor descuido, e para evitar isso tivemos que aprender a arte de dormir apoiando a cabeça numa trouxa feita com o casaco e contendo todos os nossos pertences, da gamela até os sapatos.

Já conhecemos em grande parte o regulamento do Campo, que é absurdamente complicado. Inúmeras são as proibições: aproximar-se a menos de dois metros do arame farpado; dormir com o casaco posto, ou sem ceroulas, ou de chapéu na cabeça; usar os lavatórios e as privadas que são "só para *Kapos*" ou "só para *Reichsdeutsche*" (cidadãos alemães); não tomar ducha nos dias marcados, ou tomá-la fora desses dias; sair do Bloco com o casaco desabotoado ou com a gola levantada; levar, por baixo da roupa, papel ou palha para se proteger do frio; lavar-se de outra maneira que não seja com o peito nu.

Infindáveis e insensatos são os rituais obrigatórios: cada dia, de manhã, deve-se arrumar a cama, perfeitamente plana e lisa; passar nos tamancos barrentos a graxa patente para isso destinada; raspar das roupas as manchas de barro (as de tinta, gordura e ferrugem, pelo contrário, são admitidas); à noite, a gente deve submeter-se ao controle dos piolhos e ao da lavagem dos pés; aos sábados, fazer-se barbear e raspar o cabelo, cerzir ou fazer-se cerzir os farrapos; aos domingos, submeter-se ao controle geral da sarna e ao dos botões do casaco, que devem ser cinco.

Tem mais: inúmeras circunstâncias, normalmente irrelevantes, aqui se tornam problemas. Quando as unhas crescem, a gente precisa cortá-las, e isso só pode ser feito com os dentes (quanto às unhas dos pés, basta o atrito dos tamancos); se a gente perde um botão, deve aprender a costurá-lo com arame; se vai à latrina ou ao lavatório, deve levar tudo consigo, sempre e a toda parte, e, enquanto lava os olhos, manter a trouxa da roupa bem apertada entre os joelhos; de outra maneira, nesse instante ela sumiria. Se um sapato aperta, a gente deve apresentar-se, à noite, à cerimônia da troca de sapatos; ali põe-se à prova a perícia do sujeito. No meio da multidão apinhada, deve-se conseguir escolher, só por um olhar, um sapato (não um par: um sapato só) que sirva para o nosso pé, já que, uma vez feita a escolha, não é permitida nova troca.

E não é de crer que os sapatos signifiquem pouco, na vida do Campo. A morte começa pelos sapatos. Eles se revelaram, para a maioria de nós, verdadeiros instrumentos de tortura que, após umas horas de marcha, criam feridas dolorosas, sujeitas a infecção na certa. A gente, então, caminha como se tivesse uma bola de ferro amarrada no pé (daí, a estranha andadura do exército de fantasmas que a cada noite volta em formação de marcha); sempre chega por último, e sempre apanha; se perseguido, não consegue fugir; seus pés incham e, quanto mais incham, mais insuportável torna-se o atrito com a madeira e a lona dos sapatos. Então, só resta o hospital, mas entrar no hospital com o diagnóstico *dicke Füsse* (pés inchados) é sumamente perigoso, já que todos sabem (e especialmente os SS) que dessa doença, aqui, não dá para se curar.

E ainda não falamos do trabalho, que por sua vez é um emaranhado de leis, tabus e problemas.

Trabalhamos todos, com exceção dos doentes (e fazer-se reconhecer como doente exige por si só uma ampla bagagem de conhecimentos e experiências). Cada manhã, saímos do Campo em formação, dirigidos à fábrica; cada noite, em formação, voltamos. Quanto ao trabalho, estamos divididos em perto de duzentos *Kommandos*, cada um com um mínimo de 15 homens e um máximo de 150, comandado por um *Kapo*. Há *Kommandos* bons e ruins; a maioria deles é destinada aos transportes, e o trabalho é duro, principalmente no inverno, já que é feito ao ar livre. Há também *Kommandos* de especialistas (eletricistas, ferreiros, pedreiros, soldadores, mecânicos etc.), cada qual destinado a certa oficina ou setor da fábrica, e dependente de maneira mais direta de mestres civis, em geral alemães e poloneses. Isto, obviamente, só acontece nas horas de trabalho; no resto do dia, os especialistas (que não passam de 300 ou 400 ao todo) não gozam de tratamento diferente dos trabalhadores comuns. A destinação de cada um aos vários *Kommandos* é orientada por um escritório específico do Campo, o *Arbeitsdienst* (Chefia do Trabalho), que fica em constante contato com a direção civil da fábrica. O *Arbeitsdienst* toma suas decisões na base de critérios misteriosos e, frequentemente, está claro, na base de preferências e subornos, de maneira que, se alguém dá o jeito de conseguir comida, pode estar quase seguro de conseguir também um bom trabalho na fábrica.

O horário de trabalho varia conforme a estação. Todas as horas de luz são horas de trabalho; portanto, oscila-se de um horário mínimo invernal (8h às 12h e 12:30 às 16h) a um horário máximo de verão (6:30 às 12h e 13h às 18h). Os *Häftlinge* não podem, de maneira alguma, estar trabalhando nas horas de escuridão, ou quando há cerração fechada, embora trabalhem normalmente se chove, se neva ou (o que é bem frequente) se sopra o vento feroz dos Cárpatos; isso porque a escuridão ou cerração poderiam favorecer tentativas de fuga.

Um domingo em cada dois é dia normal de trabalho, e, nos domingos de folga, em vez de trabalhar na fábrica trabalha-se, em geral, na manutenção do Campo, de modo que os dias de verdadeiro descanso são raríssimos.

Esta será, então, a nossa vida. Cada dia, conforme o ritmo fixado, *Ausrücken* e *Einrücken*, sair e voltar; trabalhar, dormir e comer; adoecer, sarar ou morrer.
... Até quando? Os velhos habitantes do Campo riem desta pergunta: uma pergunta pela qual se conhecem os recém-chegados. Riem, e não respondem: para eles, desde meses e anos o problema do futuro longínquo foi se apagando, perdeu toda intensidade, perante os problemas do futuro imediato, bem mais urgentes e concretos: como a gente comerá hoje, se vai nevar, se vamos ter que descarregar carvão.
Se fôssemos seres razoáveis, teríamos que aceitar esta evidência: que não podemos, absolutamente, prever nosso destino; que qualquer suposição é arbitrária e carece de todo fundamento. Raramente, porém, os homens são razoáveis quando está em jogo a sua própria sorte; eles preferem sempre as atitudes extremas; conforme seu caráter, alguns de nós convenceram-se logo de que tudo está perdido, de que aqui não dá para viver, de que o fim é próximo e inevitável; outros que, por penosa que seja a vida que os espera, a salvação é provável, e não está longe; se tivermos fé e força, tornaremos a ver os nossos lares e os seres amados. As duas categorias, a dos pessi-

mistas e a dos otimistas, não são, porém, tão bem determinadas; não porque haja muitos agnósticos, mas porque a maioria, sem memória nem lógica, oscila entre as duas posições extremas, conforme o interlocutor e conforme o momento.

Aqui estou, então: no fundo do poço. Quando a necessidade aperta, aprende-se em breve a apagar da nossa mente o passado e o futuro. Quinze dias depois da chegada, já tenho a fome regulamentar, essa fome crônica que os homens livres desconhecem; que faz sonhar, à noite; que fica dentro de cada fragmento de nossos corpos. Aprendi a não deixar que me roubem; aliás, se vejo por aí uma colher, um barbante, um botão dos quais consiga tomar posse sem risco de punição, embolso-os, considero-os meus, de pleno direito. Já apareceram, no peito de meus pés, as torpes chagas que nunca irão sarar. Empurro vagões, trabalho com a pá, desfaleço na chuva, tremo no vento; mesmo meu corpo já não é meu; meu ventre está inchado, meus membros ressequidos, meu rosto túmido de manhã e chupado à noite; alguns de nós têm a pele amarelada, outros cinzenta; quando não nos vemos durante três ou quatro dias, custamos a reconhecer-nos.

Resolvêramos encontrar-nos, nós, italianos, cada domingo à noite, num canto do Campo, mas paramos logo com isso; era triste demais contar-nos, encontrar-nos cada vez em menor número, cada vez mais disformes, esquálidos. E custava caminhar até lá, por perto que fosse; e, ainda, encontrando-nos, aconteceria lembrar, pensar... melhor não.

Iniciação

Depois das primeiras caprichosas mudanças de Bloco a Bloco e de *Kommando* a *Kommando*, à noite destinam-se ao Bloco 30, indicam-me uma cama na qual Diena já dorme. Diena acorda e, ainda que exausto, me dá lugar e me recebe amistosamente.

Estou sem sono, ou melhor, meu sono está oculto por um estado de tensão e ansiedade do qual ainda não me libertei; portanto, falo sem parar.

Tenho perguntas demais a fazer. Estou com fome, e quando, amanhã, nos distribuirão a sopa, como é que vou comê-la se não tenho colher? E como é que se consegue uma colher? E aonde vão me mandar trabalhar? Diena, obviamente, sabe tanto quanto eu, e responde com outras perguntas. De cima, porém, de baixo, de perto, de longe, de todos os cantos do Bloco já escuro, vozes sonolentas e iradas gritam-me: – *Ruhe! Ruhe!* (Silêncio!)

Compreendo que querem que cale a boca, mas essa palavra é nova para mim e, não conhecendo seu significado nem suas implicações, minha ansiedade aumenta. Aqui, a confusão das línguas é um elemento constante da nossa maneira de viver; a gente fica no meio de uma perpétua babel, na qual todos berram ordens e ameaças em línguas nunca antes ouvidas, e ai de quem não entende logo o sentido. Aqui ninguém tem tempo, ninguém tem paciência, ninguém te dá ouvidos; nós, os recém-chegados, instintivamente nos juntamos nos cantos contra as paredes, como um rebanho de ovelhas, para sentirmos as costas materialmente protegidas.

Renuncio, portanto, a fazer mais perguntas, e em breve mergulho num sono amargo e tenso. É sono, mas não é descanso: sinto-me ameaçado, a cada instante estou pronto para me contrair num espasmo de defesa. Sonho, e me parece dormir no meio de uma rua, de uma ponte, atravessado no limiar de uma porta por onde vai e vem muita gente. E já chega, quão cedo, ai! a alvorada. O Bloco inteiro estremece desde os alicerces, acendem-se as luzes, todos ao redor de mim agitam-se numa repentina, frenética, atividade: sacodem os cobertores, levantando nuvens de fétido pó, vestem-se com pressa febril, correm para fora, no ar gelado, ainda meio nus, precipitam-se rumo às latrinas e aos lavatórios; muitos, como bichos, urinam enquanto correm, para poupar tempo, porque dentro de cinco minutos começa a distribuição do pão – do pão, *Brot, Broit, chleb, pain, lechem, kenyér* –, do sagrado tijolinho cinzento, que parece gigantesco na mão do teu vizinho e, na tua, pequeno de fazer chorar. É uma alucinação cotidiana, à qual a gente acaba se acostumando, mas nos primeiros tempos ela é irresistível, a um ponto tal que muitos de nós, depois de discutir um bocado uns com os outros, lamentando o próprio evidente e constante azar e a sorte descarada dos outros, trocam as rações, por fim, e então a ilusão recomeça, ao contrário, deixando desiludidos e frustrados a todos.

O pão é também a nossa única moeda: durante os poucos minutos que passam entre a distribuição e o consumo, o Bloco ressoa de chamados, de brigas e de fugas. São os credores de ontem que exigem o pagamento, nos poucos instantes nos quais o devedor tem com que pagar. Logo volta certa paz, e muitos aproveitam para ir novamente aos banheiros e fumar lá meio cigarro, ou ao lavatório para lavar-se realmente.

O lavatório é um local pouco convidativo. Ele é mal iluminado, cheio de correntes de ar, com o piso de tijolos coberto por uma camada de lama; a água não é potável, tem um cheiro nauseante e, com frequência, falta durante horas. As paredes são decoradas com estranhos afrescos didáticos: vê-se, por exemplo, o bom *Häftling*, nu até a cintura, ensaboando cuidadosamente o crânio bem raspado e rosado, e o mau *Häftling*, de nariz marcadamente semítico e de cor esverdeada, que, todo entrouxado em suas roupas cheias de manchas, e com o boné na cabeça, imerge apenas um dedo, cautelosamente, na água da pia. Debaixo do primeiro está escrito: *So bist du rein* (assim, estás limpo); debaixo do segundo: *So gehst du ein* (assim, destróis a ti mesmo). E, ainda mais embaixo, num dúbio francês mas em letras góticas: *La propreté, c'est la santé* (limpeza é saúde).

Na parede oposta, sobressai um enorme piolho branco, vermelho e preto, com a escrita: *Eine Laus, dein Tod* (um piolho é a tua morte), e o inspirado dístico:

Nach dem Abort, vor dem Essen
Hände waschen, nicht vergessen

(depois da latrina, antes de comer, lava as mãos, não esquece).

Durante semanas, considerei estas exortações à higiene como simples traços de humor teutônico, do mesmo estilo do diálogo sobre o cinto herniário com o qual fomos recebidos ao entrarmos no Campo. Mais tarde, porém, compreendi que seus ignotos autores não estavam (talvez inconscientemente) longe de importantes verdades. Neste lugar, lavar-se cada dia na água turva da pia imunda, bem pouco adianta quanto ao asseio e à saúde; é extremamente importante, porém, como sintoma de resídua vitalidade, e essencial como meio de sobrevivência moral.

Tenho que confessar: bastou uma semana de cativeiro para sumir o meu hábito de limpeza. Vou zanzando pelos lavatórios, e lá até o companheiro Steinlauf, meu amigo quase cinquentão, de peito nu, esfregando-se ombros e pescoço com escassos resultados (nem tem sabão), mas com extrema energia. Steinlauf me vê, me saúda, e, sem rodeios, me pergunta, severamente, por que não me lavo. E por que deveria me lavar? Me sentiria melhor do que estou me sentindo? Alguém gostaria mais de mim? Viveria um dia, uma hora a mais? Pelo contrário, viveria menos, porque lavar-se dá trabalho, é um desperdício de energia e de calor. Será que Steinlauf não sabe que bastará meia hora entre os sacos de carvão para acabar com qualquer diferença entre nós dois? Quanto mais penso nisso, mais acho que lavar a cara em nossa situação é tolice, futilidade até; hábito automático ou, pior, lúgubre repetição de um ritual já extinto. Vamos morrer, todos; estamos para morrer; se é que me sobram dez minutos entre a alvorada e o trabalho, quero destiná-los a outra coisa, a fechar-me dentro de mim mesmo, a fazer o balanço da minha vida, ou quiçá a olhar para o céu e a pensar que talvez eu o veja pela última vez; ou a me deixar viver, apenas, permitir-me o luxo de uma brevíssima folga.

Steinlauf, porém, passa-me uma descompostura. Terminou de se lavar, está se secando com o casaco de lona que antes segurava, enrolado, entre os joelhos e que logo vestirá, e, sem interromper a operação, me dá uma preleção em regra.

Já esqueci, e o lamento, suas palavras diretas e claras, as palavras do ex-sargento Steinlauf do exército austro-húngaro, Cruz de Ferro da Primeira Guerra Mundial. É uma pena: vou ter que traduzir seu incerto italiano e sua fala simples de bom soldado em minha linguagem de homem cético. Seu sentido, porém, que não esqueci nunca mais, era esse: justamente porque o Campo é uma grande engrenagem para nos transformar em animais, não devemos nos transformar em animais; até num lugar como este, pode-se sobreviver, para relatar a verdade, para dar nosso depoimento; e, para viver, é essencial esforçar-nos por salvar ao menos a estrutura, a forma da civilização. Sim, somos escravos, despojados de qualquer direito, expostos a qualquer injúria, destinados a uma morte quase certa, mas ainda nos resta uma opção. Devemos nos esforçar por defendê-la a todo custo, justamente porque é a última: a opção de recusar nosso consentimento. Portanto, devemos nos lavar, sim; ainda que sem sabão, com essa água suja e usando o casaco como toalha. Devemos engraxar os sapatos, não porque assim reza o regulamento, e sim por dignidade e alinho. Devemos marchar eretos, sem arrastar os pés, não em homenagem à disciplina prussiana, e sim para continuarmos vivos, para não começarmos a morrer.

Essas palavras me disse Steinlauf, homem de boa vontade; palavras estranhas para o meu ouvido desabituado, compreendidas e aceitas só em parte, atenuadas numa doutrina mais fácil, elástica e branda, que respiramos há séculos deste lado dos Alpes, conforme a qual, entre outras coisas, não há vaidade maior do que esforçar-se por engolir inteiros os sistemas morais elaborados por outros, sob outro céu. Não, a sabedoria, a virtude de Steinlauf, por certo válidas para ele, a mim não bastam. Frente a este mundo infernal, minhas ideias se confundem: será mesmo necessário elaborar um sistema e observá-lo? Não será melhor compreender que não se possui sistema algum?

Ka-Be

Todos os dias se parecem um com o outro, e não é fácil contá-los. Há quanto tempo dura, já, este vaivém em parelhas, da estrada de ferro ao galpão? Cem metros de chão em degelo. Na ida, sob a carga; na volta, com os braços caídos ao longo do corpo, em silêncio.

Ao redor de nós, tudo nos é hostil. Por cima, sucedem-se maldosas nuvens para tirar-nos o sol; por todos os lados, circunda-nos a esquálida floresta de ferro retorcido. Nunca vimos seus limites, mas sentimos, ao redor, a presença má do arame farpado que nos segrega do mundo. E nos andaimes, nos trens manobrando, nas estradas, nas escavações, nos escritórios, homens e homens, escravos e patrões, e os patrões, escravos eles também; o medo impele uns e o ódio os outros; qualquer outra força emudece. Todos são, para nós, inimigos ou rivais.

Não. Realmente, hoje, neste meu companheiro de canga eu não sinto um inimigo, nem um rival.

Ele é *Null Achtzehn*. Chama-se apenas assim: Zero-Dezoito, os três algarismos finais da sua matrícula; como se todos tivessem compreendido que só os homens têm direito a um nome, e que Null Achtzehn já não é um homem. Imagino que até ele próprio tenha esquecido seu nome; em todo caso, comporta-se como se fosse assim. Quando fala, quando olha, dá a impressão de estar interiormente oco, nada mais do que um invólucro, como certos despojos de insetos que encontramos na beira dos pântanos, ligados por um fio às pedras e balançados pelo vento.

Null Achtzehn é muito jovem, o que representa grave perigo. Não apenas porque os rapazes aguentam menos que os adultos as fadigas e o jejum, mas, principalmente, porque aqui, para sobreviver, precisa-se de um longo treino para a luta de cada um contra todos, que os jovens raramente possuem. Null Achtzehn nem está especialmente enfraquecido, mas todos evitam trabalhar com ele. Tudo já lhe é tão indiferente, que não tenta fugir ao trabalho e às pancadas, nem procurar comida. Executa todas as ordens que recebe; é provável que, quando for enviado à morte, ele vá com essa mesma absoluta indiferença.

Ele não possui nem essa astúcia elementar das bestas de carga, que param de puxar antes de chegar ao total esgotamento; ele puxa, ou leva, ou empurra, enquanto tem forças para isso; logo cede de repente, sem uma palavra de advertência, sem levantar do chão seu olhar opaco e triste. Lembra-me os cachorros de trenós dos livros de London, que fazem força até o último alento e caem mortos na trilha.

E já que todos nós, pelo contrário, procuramos, de qualquer jeito, evitar a fadiga, Null Achtzehn é o que trabalha mais que todos. Por isso, e porque é um companheiro perigoso, ninguém quer trabalhar com ele; por outro lado, ninguém quer trabalhar comigo, porque sou fraco e desajeitado. Assim, acontece seguidamente que nos encontremos juntos.

Enquanto, de mãos vazias, retornamos uma vez mais do galpão, arrastando os pés, uma locomotiva dá um apito curto e nos corta o caminho. Contentes pela pausa inevitável, Null Achtzehn e eu nos detemos. Curvos e esfarrapados, esperamos que os vagões acabem seu lento desfile.

... Deutsche Reichsbahn. Deutsche Reichsbahn. SNCF.* Dois enormes vagões russos, com a foice e o martelo meio apagados. Deutsche Reichsbahn. Logo: *Cavalli 8, uomini 40. Tara, Portata:* um vagão italiano... Subir lá, num canto, bem escondido no meio do carvão, ficar calado e imóvel na escuridão, escutando o ritmo interminável dos trilhos, mais forte do que a fome e o cansaço; até que, de repente, o trem pare, e eu sinta o ar tépido e o cheiro do feno, e possa sair ao sol; então deitar no chão,

---

* Deutsche Reichsbahn: Estrada de Ferro Nacional Alemã, SNCF: Société Nationale des Chemins de Fer (França). (N. do T.)

e beijá-lo, como se lê nos livros, com o rosto na grama. E passaria uma mulher, e perguntaria, em italiano: *Chi sei?*, eu responderia em italiano, ela compreenderia e me daria comida e abrigo. Ela não acreditaria nas coisas que eu contasse, e então eu mostraria o número tatuado no braço, e, então...

... Acabou-se. Passou o último vagão e, como ao levantar do pano no teatro, lá está, diante de nossos olhos, a pilha de suportes de ferro, o *Kapo* de pé, em cima da pilha, de cacete na mão, os companheiros macilentos que vão e vêm, em parelhas.

Ai de quem sonha! O instante no qual, ao despertar, retomamos consciência da realidade, é como uma pontada dolorosa. Isso, porém, raras vezes nos acontece, e os nossos sonhos não duram. Somos apenas uns animais cansados.

Mais uma vez, estamos ao pé da pilha. Mischa e o Galiciano levantam um suporte e o colocam rudemente em nossos ombros. Sua tarefa é a menos cansativa; portanto, ostentam zelo a fim de conservá-la. Chamam os companheiros mais lentos, incitam, exortam, impõem ao trabalho um ritmo insustentável. Isso me revolta, mas bem sei que é conforme a regra: os privilegiados oprimem os não privilegiados. Na base desta lei, sustenta-se a estrutura social do Campo.

É a minha vez de caminhar na frente. O suporte é pesado, porém curto, de modo que, a cada passo, sinto os pés de Null Achtzehn tropeçando nos meus. Ele é incapaz de acompanhar o meu andar, ou não se importa.

Vinte passos, chegamos aos trilhos, há um cabo a transpor. A carga está mal colocada, não dá, vai resvalando do ombro. Cinquenta passos, 60. A porta do galpão; mais um trecho igual, e largaremos a carga. Não, não dá mais, o suporte pesa todo no meu braço; não aguento a dor e o esforço, grito, tento virar-me, apenas em tempo de ver Null Achtzehn que tropeça e larga tudo.

Se eu tivesse a minha agilidade de antes, poderia pular fora; pelo contrário, aqui estou, no chão, os músculos contraídos, o pé ferido apertado entre as mãos, cego de dor. A quina de ferro golpeou o dorso de meu pé esquerdo.

Durante um minuto, tudo se apaga na vertigem da dor. Quando consigo olhar ao meu redor, Null Achtzehn ainda está ali de pé, nem se mexeu; as mãos enfiadas nas mangas, não diz uma palavra, olha-me sem a menor expressão. Chegam Mischa e o Galiciano, falam entre si em iídiche, dão-me não sei quais conselhos. Chegam Templer, David e os demais; aproveitam a digressão para largar o trabalho. Chega o *Kapo*, distribui pontapés, socos e palavrões, os companheiros se dispersam como farelo ao vento; Null Achtzehn leva uma das mãos ao nariz, retira-a ensanguentada, olha-a em silêncio. Eu só recebo duas bofetadas na cabeça, dessas que não doem, apenas tonteiam um pouco.

O episódio está encerrado. Verifico que, bem ou mal, me aguento em pé, o osso não deve estar quebrado. Não me animo a tirar o sapato, com medo de reavivar a dor, e também porque sei que, depois, não poderia tornar a pô-lo: o pé vai inchar.

O *Kapo* manda-me substituir o Galiciano na pilha; este, olhando-me carrancudo, vai tomar seu lugar junto a Null Achtzehn, mas já passam os prisioneiros ingleses, está quase na hora de voltarmos ao Campo.

Durante a marcha, esforço-me por andar depressa, mas não consigo manter o ritmo dos outros; o *Kapo* designa Null Achtzehn e Finder para me sustentarem até passarmos à frente dos SS, e por fim (sorte: esta noite não há chamada) chego ao Bloco, posso jogar-me no beliche e tomar fôlego.

Ou por causa do calor, ou pelo cansaço da caminhada, a dor voltou, e, com ela, uma estranha sensação de umidade no pé ferido. Tiro o sapato; está cheio de sangue já coagulado, grudado ao barro e aos farrapos do pano que achei um mês atrás e que uso para entrouxar os pés – um dia o pé direito, no dia seguinte o pé esquerdo.

Hoje à noite, depois da sopa, irei ao Ka-Be.

* * *

Ka-Be é a sigla do *Krankenbau*, a enfermaria. Oito Blocos, iguais aos do Campo, porém isolados por uma cerca de arame farpado. Eles contêm constantemente um décimo da lotação do Campo; poucos, porém, param lá mais de duas semanas e ninguém mais de dois meses: nesse prazo a regra é ficar bom ou morrer. Quem tende a ficar bom, é curado no Ka-Be; quem tende a piorar, do Ka-Be é mandado às câmaras de gás.

Tudo isso porque nós, por sorte, pertencemos à categoria dos "judeus economicamente úteis".

Nunca estive no Ka-Be; nem no Ambulatório. Aqui, tudo é novidade para mim.

Os Ambulatórios são dois: Médico e Cirúrgico. À frente da porta, na noite e no vento, estão duas longas filas de sombras. Alguns necessitam apenas de um curativo ou de um comprimido, outros pedem visita médica; há os que têm a morte na cara. Os primeiros das duas filas já estão descalços e prontos para entrar; os demais, à medida que se aproxima a sua vez, dão um jeito para, no meio da gente, soltarem os cordões e os arames dos sapatos e para tirarem, sem rasgá-los, os preciosos panos para os pés; não cedo demais, para não ficarem inutilmente descalços no barro; não muito tarde, para não perderem a vez, já que entrar de sapatos no Ka-Be é rigorosamente proibido. Quem cuida para que a proibição seja respeitada é um gigantesco *Häftling* francês que mora na casinhola entre as portas dos dois ambulatórios. É um dos poucos funcionários franceses do Campo; passar o dia entre sapatos barrentos e esfarrapados não é pequeno privilégio. Basta pensar em quantos entram no Ka-Be de sapatos, e saem sem precisar mais deles.

Quando chega a minha vez, consigo milagrosamente tirar os sapatos e os panos sem perder nem uns nem outros, sem deixar que me sejam roubadas a gamela nem as luvas, e sem perder o equilíbrio, embora sempre segurando na mão o boné, que, dentro dos Blocos, não se pode manter na cabeça por motivo algum.

Entrego os sapatos no depósito e retiro o correspondente recibo; logo, descalço e claudicante, as mãos ocupadas com todas as minhas pobres coisas que não posso largar em parte alguma, sou admitido no interior e paro atrás de outra fila, que termina na sala de visitas.

Nesta fila, a gente se despe pouco a pouco; antes de chegar, deve-se ficar nu, para que um enfermeiro nos ponha o termômetro sob a axila; se alguém ainda está vestido, perde seu turno e volta ao fim da fila. A temperatura é tomada a todos, ainda que tenham vindo por causa de sarna ou de dor de dentes. Assim, sabe-se que quem não estiver seriamente doente não se submeterá por capricho a este complicado ritual.

Chega, por fim, minha vez: sou admitido à frente de um médico; o enfermeiro retira o termômetro e me apresenta: – *Nummer 174.417, kein Fieber* (sem febre). – Para mim, não há necessidade de um exame minucioso; de imediato sou declarado *Arztvormelder*, que não sei o que quer dizer, e este não é lugar onde pedir esclarecimentos. Mandam-me embora, recupero os sapatos e volto ao Bloco.

Chaim congratula-se comigo: tenho uma boa ferida, ela não parece perigosa e me garante um período razoável de descanso. Passarei a noite no Bloco com os demais; amanhã, porém, em vez de ir ao trabalho, deverei reapresentar-me aos médicos para a visita definitiva: *Arztvormelder* significa isso. Chaim tem prática destas coisas e acha provável que amanhã eu seja admitido ao Ka-Be. Chaim é o meu companheiro de cama; tenho absoluta confiança. Ele é polonês, judeu devoto, estudioso da Lei. Tem mais ou menos a minha idade; é relojoeiro e aqui na fábrica trabalha como mecânico de precisão; é um dos poucos, portanto, que mantêm a dignidade e a autoconfiança de quem pratica uma arte para a qual está preparado.

Assim é. Depois da alvorada e da distribuição do pão, sou chamado junto com mais três do meu Bloco. Levam-nos a um canto da Praça da Chamada, onde já espera uma longa fila, todos os *Arztvormelder* de hoje; logo aparece um sujeito que me tira gamela, colher, boné e luvas. Os demais riem: eu não sabia que devia escondê-los, ou confiá-los a alguém, ou, melhor que tudo, vendê-los? Não sabia que no Ka-Be é proibido levá-los? Logo olham meu número e meneiam a cabeça: de alguém com número tão alto, pode-se esperar qualquer tolice.

Contam-nos, mandam despir-nos, fora, no frio, tiram-nos os sapatos, contam-nos novamente, raspam-nos barba, cabeça e pelos, contam-nos mais uma vez, fazem-nos tomar ducha; logo vem um SS, olha-nos displicente, detém-se à frente de um companheiro que tem uma volumosa hidrocele, manda que fique à parte. Mais uma vez nos contam, mais uma vez nos dão uma ducha, apesar de estarmos molhados ainda da anterior e de haver entre nós quem tirite de febre.

Agora, sim, estamos prontos para a visita definitiva. Pela janela, vejo o céu claro e, por momentos, o sol; neste país, pode-se olhar direto para o sol, através das nuvens, como através de um vidro opaco. Julgando pela sua posição, deve ter passado das duas da tarde. Sopa, adeus! Estamos de pé há dez horas e nus há seis.

Esta segunda visita médica é também rapidíssima. O médico veste roupa listrada como nós, mas, por cima, um guarda-pó branco, com seu número costurado, e está bem mais gordo do que nós. Ele olha e apalpa meu pé inchado e sangrento, arrancando-me um grito de dor; logo diz: – *Aufgenommen* (aceito), Bloco 23.

Fico ali de boca aberta, à espera de maiores esclarecimentos, mas alguém puxa-me bruscamente para trás, joga-me um abrigo nas costas, entrega-me umas sandálias e me manda para fora.

A uns cem metros está o Bloco 23; leio *Schonungsblock*, quem sabe o que quer dizer. Dentro, tiram-me o abrigo e as sandálias; mais uma vez, encontro-me nu e último de uma fila de esqueletos nus: os que baixaram hoje.

Há muito tempo que parei de tentar compreender. Quanto a mim, estou tão cansado de me aguentar no pé ferido e ainda não medicado, tão enregelado e faminto, que já não ligo para nada. O dia de hoje bem pode ser meu último, e esta sala, a sala de gás da qual todo mundo fala, e daí? Que é que eu poderia fazer? Dá no mesmo encostar-se na parede, fechar os olhos e esperar.

O meu vizinho não parece judeu. Não é circuncidado, e, além disso, já aprendi que uma pele tão clara, um rosto tão largo, um corpo tão espadaúdo são típicos dos poloneses não judeus. Ele é uma cabeça mais alto do que eu, mas tem feições razoavelmente cordiais, como só as têm os que não padecem fome.

Tento perguntar-lhe se sabe quando é que nos deixarão entrar. Ele se vira para o enfermeiro, que tem idêntico tipo físico e que está fumando num canto; falam, riem juntos sem me responder, como se eu nem estivesse ali; logo, um deles pega o meu braço, olha o número, e então os dois riem mais alto. Todo mundo sabe que "os 174 mil" são os judeus italianos: os bem conhecidos judeus italianos, que chegaram há dois meses, todos advogados, todos doutores, eram mais de 100 e já são apenas 40; os que não sabem trabalhar, os que se deixam roubar o pão, os que apanham da manhã até a noite; os alemães chamam-nos *"zwei linke Hände"* (duas mãos esquerdas);

até os prisioneiros poloneses desprezam-nos porque não sabemos falar iídiche.

O enfermeiro aponta as minhas costelas ao outro, como se eu fosse um cadáver na sala de anatomia; mostra as pálpebras, as faces inchadas, o pescoço fino; inclina-se, faz pressão com o dedo em minha canela, indicando a profunda cavidade que o dedo deixa na pálida carne, como se fosse cera.

Desejaria não ter falado ao polonês; parece-me que nunca sofri, na minha vida toda, insulto pior. O enfermeiro acabou sua demonstração, em sua língua que não entendo e que me soa terrível; dirige-se a mim e, em quase alemão, compassivamente, fornece-me uma síntese: – *Du Jude kaputt. Du schnell Krematorium fertig.* (Tu judeu liquidado, tu em breve crematório, acabado.)

Passaram algumas horas mais até que todos os doentes fossem admitidos, recebessem a sua camisa e fosse preenchida a sua ficha. Eu, como sempre, fui o último; um sujeito de roupa listrada bem novinha perguntou onde é que nasci, qual era o meu trabalho quando "civil", se tinha filhos, quais foram as minhas doenças. Um monte de perguntas, para quê? Tudo isso é uma complicadíssima farsa para rir de nós. E este seria um hospital onde mandam a gente ficar de pé, nu, para fazer-lhe perguntas?

Por fim, a porta abre-se também para mim e posso entrar no dormitório.

Aqui também, como em toda parte, beliches de três andares, em três filas em todo o Bloco, separadas por três estreitíssimos corredores. As camas são 150, os doentes uns 250: portanto, dois na maioria das camas. Os das camas superiores, apertados contra o teto, mal podem sentar; debruçam-se curiosos para olhar os recém-chegados, é o momento mais interessante do dia, topa-se sempre com algum conhecido. Eu fui destinado à cama 10. Milagre! Está vazia. Espicho-me voluptuosamente; é a primeira vez, desde que estou no Campo, que tenho uma cama só para mim. Apesar da fome, adormeço.

A vida no Ka-Be é vida no limbo. Os sofrimentos materiais não são muitos, a não ser a fome e os ligados às doenças. Não faz frio, não se trabalha, e – desde que não se incorra em alguma falta grave – não se apanha.

A alvorada é às quatro também para os doentes. A gente tem que arrumar a cama e lavar-se, mas não há muita pressa nem rigor. Às cinco e meia, distribuição de pão; pode-se cortar o pão sossegadamente, em finas fatias, e comê-lo em paz, deitados na cama; pode-se dormir novamente até o meio-dia, hora da distribuição da sopa. Até as quatro da tarde, *Mittagsruhe*, sesta; a essa hora, frequentemente há visita médica e curativos, devemos descer dos beliches, tirar a camisa e entrar na fila. Também o rancho da noite é distribuído junto às camas, após o que, às nove, apagam-se todas as luzes, a não ser a lâmpada velada do guarda; e é o silêncio.

Pela primeira vez desde que estou no Campo, a alvorada pega-me no meio de um sono profundo; acordar é regressar do nada. Na hora da distribuição do pão ouve-se ao longe, no ar escuro, a banda de música que começa a tocar; são os companheiros sadios que saem, formados, para o trabalho.

Aqui no Ka-Be mal se ouve a música; chega-nos constante, monótono, o martelar do bumbo e dos pratos, mas nesta textura as frases musicais desenham-se só por momentos, ao capricho do vento. Entreolhamo-nos de uma cama a outra; sentimos todos que essa música é infernal. As músicas são poucas, talvez uma dúzia, cada dia as mesmas, de manhã e à noite: marchas e canções populares caras a todo alemão. Elas estão gravadas em nossas mentes: serão a última coisa do Campo a ser esquecida: são a voz do Campo, a expressão sensorial de sua geométrica loucura, da determinação dos outros em nos aniquilar, primeiro, como seres humanos, para depois matar-nos lentamente.

Ao ecoar essa música, sabemos que os companheiros, lá fora, na bruma, partem marchando como autômatos;

suas almas estão mortas e a música substitui a vontade deles; leva-os como o vento leva as folhas secas. Já não existe vontade; cada pulsação torna-se passo, contração reflexa dos músculos destruídos. Os alemães conseguiram isso. Dez mil prisioneiros, uma única máquina cinzenta; estão programados, não pensam, não querem. Marcham.

Na marcha de saída e na de regresso, nunca faltam os SS. Quem poderia negar-lhes o direito de assistir a essa coreografia que eles criaram, à dança dos homens apagados, pelotão após pelotão, voltando e indo em direção à bruma? Que prova mais concreta de vitória?

Também os do Ka-Be conhecem esse ir e voltar do trabalho, a hipnose do ritmo interminável que mata o pensamento e embota a dor; passaram por isso, passarão por isso outra vez. Era preciso, porém, sairmos do encantamento, ouvirmos a música de fora, assim como a ouvíamos no Ka-Be e como agora, escrevendo, a recrio em minha lembrança, depois da libertação, do renascimento (já sem lhe obedecer, sem lhe ceder), para percebermos o que ela era; para compreendermos por qual deliberado motivo os alemães criaram esse ritual monstruoso, e por que, ainda hoje, quando a memória nos restitui alguma dessas inocentes canções, o sangue gela em nossas veias e temos consciência de que regressar de Auschwitz não foi pequena sorte.

* * *

Tenho dois vizinhos de beliche. Jazem, dia e noite, lado a lado, pele contra pele, entrelaçados como os Peixes do zodíaco, de modo que cada um deles tem os pés do outro ao lado da cabeça.

Um deles é Walter Bonn, holandês educado e de certa cultura. Ele repara que não tenho com que cortar o pão, empresta-me a faca e logo propõe trocá-la por ração de pão. Regateio o preço; acabo desistindo, penso que aqui no Ka-Be sempre vou conseguir alguma emprestada, e fora daqui as facas custam apenas um terço de ração. Nem por isso Walter se abstém da sua cortesia, e, ao meio-dia, depois de tomar a sopa, lambe a colher (o que é conveniente antes de emprestá-la, para limpá-la e para não desperdiçar os restinhos de sopa ainda aderentes), e, espontaneamente, a oferece.

– Qual é a tua doença, Walter?

– *Körperschwäche* – esgotamento orgânico. É a pior das doenças: ela não tem cura; é extremamente perigoso entrar no Ka-Be com este diagnóstico. Não fosse o edema dos tornozelos (e ele os mostra) que lhe impede de ir ao trabalho, nunca teria pedido baixa.

Quanto a esse tipo de perigos, ainda tenho ideias confusas. Todos falam nisso indiretamente, por alusões; se pergunto, olham-me e calam.

É verdade, então, o que se ouve dizer, de seleções, de gás, de forno crematório?

Crematório. O outro, o vizinho de Walter, acorda sobressaltado, endireita-se: quem fala em crematório? Que é que há? Não podem deixar a gente dormir em paz? Ele é um judeu polonês, albino, com um rosto magro e benévolo; já passou da juventude. Chama-se Schmulek, é ferreiro. Walter, brevemente, o informa.

Der Italeyner não acredita nas seleções? Schmulek esforça-se por falar alemão, mas fala iídiche; tão grande, porém, é a sua ânsia evidente de fazer-se compreender, que, bem ou mal, compreendo. Faz Walter calar com um gesto; cabe a ele me convencer.

– Me mostra teu número. Tu és 174.517. Esta numeração começou há 18 meses e vale para Auschwitz e os Campos que dele dependem. Nós somos, agora, 10 mil aqui em Buna-Monowitz; uns 30 mil, talvez, entre Auschwitz e Birkenau. *Wo sind die Andere?* Onde estão os outros?

– Talvez transferidos para outros Campos...

Schmulek abana a cabeça, diz a Walter: – *Er will nix verstayen* – ele não quer compreender.

Estava escrito, porém, que em breve eu entenderia, e às expensas do mesmo Schmulek. À noite, abriu-se a porta do Bloco, uma voz gritou: *Achtung!* (Atenção!). – Todo barulho cessou, fez-se um silêncio de morte.

Entraram dois SS (um dos quais cheio de galões, seria um oficial?); ouviam-se seus passos no Bloco, como se este estivesse vazio. Falaram com o médico-chefe, este mostrou um registro, apontando uma outra anotação. O oficial tomou nota numa caderneta. Schmulek toca-me um joelho: – *Pass'auf, pass'auf* – cuidado!

O oficial, seguido pelo médico, passa em silêncio, displicente, entre os beliches. Tem um chicote na mão, dá uma chicotada numa ponta de cobertor que pende de uma cama alta; o doente apressa-se a ajeitá-la. O oficial prossegue.

Outro doente tem a cara amarela; o oficial arranca-lhe os cobertores, apalpa-lhe o ventre, diz: – *Gut, gut* – e vai adiante.

Aí está: deitou o olhar em Schmulek; pega a caderneta, controla o número da cama e o da tatuagem. Eu, da cama de cima, posso enxergar muito bem. Fez uma cruzinha ao lado do número de Schmulek. Depois, prossegue.

Olho para Schmulek e, atrás, dele, vejo o olhar de Walter; não pergunto mais nada.

No dia seguinte, em vez do grupo habitual dos que tiveram alta, saem dois grupos diferentes. Os primeiros foram barbeados e tosquiados e tomaram ducha. Os outros saíram assim como estavam, barbudos, sem fazer curativo, sem ducha. Ninguém se despediu deles, ninguém lhes deu recados para os companheiros sãos.

Neste grupo estava Schmulek.

Assim, de um modo discreto, sossegado, sem ostentação, sem cólera, pelos Blocos do Ka-Be, cada dia, vai a Morte, e toca este ou aquele. Quando Schmulek foi embora, deixou-me a faca e a colher; Walter e eu evitamos olhar-nos e ficamos um tempo em silêncio. Logo Walter me perguntou como é que eu consigo conservar tanto tempo a minha ração de pão; esclareceu que ele costuma cortar a dele ao comprido, para ter fatias mais largas e passar melhor a margarina.

Walter me explica muitas coisas: *Schonungsblock* significa Bloco de Descanso, aqui só tem doentes sem gravidade ou convalescentes, ou que não precisam de tratamento. Entre eles, ao menos uns 50 disentéricos.

Estes são controlados a cada três dias. Põem-se em fila no corredor, no fim, há duas bacias de folha e o enfermeiro, com registro, relógio e lápis. Os doentes apresentam-se dois a dois e têm que mostrar, ali e imediatamente, que a diarreia continua; dispõem, exatamente, de um minuto, após o qual exibem o resultado ao enfermeiro, que olha e julga; lavam depressa as bacias numa cuba a isso destinada, e já vêm os seguintes.

Entre os que esperam, há os que se retorcem no esforço de reter o precioso testemunho ainda 20, ainda 10 minutos; outros, sem recursos nesse instante, forçam veias e músculos no empenho oposto. O enfermeiro assiste, impassível, mordiscando o lápis; um olhar ao relógio, outro às amostras que lhe vão sendo apresentadas. Nos casos duvidosos, leva a bacia ao médico para que a examine.

Recebi uma visita: é o Piero Sonnino, de Roma. – Viu como o tapeei? – Piero tem uma enterite bem leve, mas está aqui há 20 dias, gosta, descansa e engorda, nem liga para as seleções e resolveu ficar no Ka-Be até o fim do inverno, custe o que custar. Seu método é o de colocar-se na fila atrás de um disentérico autêntico, que apresente garantia de êxito, e, na hora H, pedir sua colaboração (a ser remunerada com pão ou com sopa). Se o camarada concorda e o enfermeiro se descuida por um instante, Piero troca as bacias, aproveitando essa confusão de gente, e pronto. Bem sabe o risco que corre, mas, até agora, sempre se saiu bem.

A vida do Ka-Be, porém, não é essa. Não está nos instantes cruciais das seleções, nem nos episódios grotescos dos controles de diarreia e piolhos, nem nas próprias doenças.

O Ka-Be é o Campo livre do sofrimento físico. Por isso, quem ainda possui um germe de consciência, recupera essa consciência; por isso, nos eternos dias vazios, a gente não fala apenas de fome e de trabalho; chegamos a considerar como nos transformaram, o quanto nos tiraram, o que é a nossa vida. Neste Ka-Be, parêntese de relativa paz, aprendemos que a nossa personalidade corre maior perigo que a própria vida. Os antigos sábios, em vez de exortar: "Lembra-te que vais morrer", deveriam ter recordado este outro maior perigo que nos ameaça. Se, do interior do Campo, uma mensagem tivesse podido filtrar até os homens livres, deveria ter sido esta: procurem não aceitar em seus lares o que aqui nos é imposto.

Quando se trabalha, se sofre, não há tempo de pensar; nossos lares são menos que uma lembrança. Aqui, porém, o tempo é nosso; de beliche para beliche, apesar da proibição, nos visitamos e falamos, falamos. O Bloco de madeira, apinhado de humanidade sofredora, está cheio de palavras, de lembranças e de uma dor diferente. *Heimweh*, chama-se em alemão essa dor. É uma palavra bonita; significa "dor do lar".

Sabemos de onde viemos; as lembranças do mundo de fora povoam nossos sonhos e nossas vigílias; percebemos com assombro que não esquecemos nada; cada lembrança evocada renasce à nossa frente, dolorosamente nítida.

Não sabemos, porém, para onde vamos. Talvez sobrevivamos às doenças e escapemos às seleções, talvez aguentemos o trabalho e a fome que nos consomem, mas, e depois? Aqui, longe (por enquanto) das blasfêmias e das pancadas, podemos retornar dentro de nós mesmos e refletir, e torna-se claro, então, que voltaremos. Viajamos até aqui nos vagões chumbados; vimos partir rumo ao nada nossas mulheres e nossas crianças; nós, feito escravos, marchamos cem vezes, ida e volta, para a nossa fadiga, apagados na alma antes que pela morte anônima. Não voltaremos. Ninguém deve sair daqui; poderia levar ao mundo, junto com a marca gravada na carne, a má nova daquilo que, em Auschwitz, o homem chegou a fazer do homem.

As nossas noites

Depois de 20 dias de Ka-Be, minha ferida sarou e tive alta com grande pesar.

A cerimônia é simples, mas implica um doloroso e perigoso período de readaptação. Quem não dispõe de protetores, saindo do Ka-Be não volta ao Bloco e ao *Kommando* anterior, mas é destinado, na base de critérios que desconheço, a outro Bloco qualquer e encaminhado a outro trabalho. Tem mais: do Ka-Be a gente sai nu; recebe nova roupa e novos sapatos (novos! Quero dizer, não os mesmos que se deixou ao entrar), deve-se agir, rápida e atentamente, para adaptá-los à sua pessoa, o que implica trabalho e despesas. Devem-se arranjar novamente faca e colher; por fim, e isto é o mais grave, encontra-se estranho, num meio desconhecido, entre companheiros nunca vistos antes e hostis, com chefes dos quais se descobre o caráter e dos quais, portanto, é difícil cuidar-se.

A capacidade humana de cavar-se uma toca, de criar uma casca, de erguer ao redor de si uma tênue barreira defensiva, ainda que em circunstâncias aparentemente desesperadas, é espantosa e mereceria um estudo profundo. Trata-se de um precioso trabalho de adaptação, parte passivo e inconsciente, parte ativo: cravar um prego no beliche para pendurar os sapatos, à noite; ajustar tácitos acordos de não agressão com os vizinhos; intuir e aceitar os hábitos e leis peculiares do *Kommando* e do Bloco. Graças a esse trabalho, depois de umas semanas conseguem-se alcançar certo equilíbrio, certo grau de segurança frente aos imprevistos; o ninho está feito, o trauma da mudança foi superado.

O homem que sai do Ka-Be, porém, nu e, em geral, ainda não bem-curado, sente-se jogado nas trevas e no gelo do espaço sideral. As calças caem, os sapatos apertam, a camisa não tem botões. Ele procura um contato humano, e todos lhe viram as costas. É inerme, vulnerável como uma criança recém-nascida, mas no dia seguinte deverá marchar rumo ao trabalho.

É nessas condições que eu me encontro, quando o enfermeiro, após os rituais administrativos de praxe, me entrega aos cuidados do *Blockältester*, do responsável pelo Bloco 45. De repente, uma lembrança me alvoroça: tive sorte, é o Bloco de Alberto!

Alberto é o meu melhor amigo. Tem apenas 22 anos (dois menos que eu), mas nenhum de nós, italianos, revelou capacidade de adaptação semelhante à dele. Alberto entrou no Campo de cabeça erguida e vive no Campo ileso, íntegro. Foi o primeiro a compreender que esta vida é uma guerra; não fez concessões a si mesmo, não perdeu tempo com recriminações ou compadecendo-se de si próprio e dos outros; foi à luta desde o primeiro dia. Ajudam-no sua inteligência e sua intuição; raciocina e acerta; às vezes não raciocina, e acerta também. Percebe tudo num instante; fala apenas um pouco de francês, mas compreende o que lhe dizem alemães e poloneses. Responde em italiano e, com gestos, se faz compreender e se torna simpático a todos. Luta pela vida, mas é amigo de todos. "Sabe" quem subornar, quem evitar, quem poderá mover-se à compaixão, a quem se deve resistir.

Apesar de tudo, ele não mudou, e é por isso que, ainda hoje, a sua cara lembrança continua tão perto de mim. Sempre vi nele, e ainda vejo, o símbolo raro do homem forte e bom, contra o qual nada podem as armas da noite.

Não consegui licença para dormir na cama dele, e nem ele conseguiu, apesar de gozar já de certa popularidade no Bloco 45. É uma lástima, porque ter um companheiro de cama no qual confiar ou, ao menos, com o qual se entender, representa vantagem inestimável; e, além disso, ainda estamos no inverno, as noites são longas, e já que devemos compartilhar suor, cheiro e calor com alguém, debaixo do mesmo cobertor e num espaço de 70 centímetros, ao menos que se trate de um amigo.

No inverno, as noites são longas e temos mais tempo para dormir.

Acalma-se, pouco a pouco, a agitação do Bloco; faz mais de hora que acabou a distribuição do rancho noturno, e só alguns obstinados insistem em raspar o fundo, já lustroso, da gamela, revirando-a minuciosamente debaixo da lâmpada, franzindo a testa, atentos. O engenheiro Kardos vai de beliche em beliche, fazendo curativos nos pés feridos e nos calos inflamados; é o seu negócio, não há quem não renuncie de boa vontade a uma fatia de pão, desde que lhe seja aliviado o tormento das chagas encardidas, que sangram a cada passo durante todo o dia. Desse modo, honestamente, o engenheiro Kardos resolveu o problema da vida.

Pela portinhola traseira, às escondidas e olhando cauteloso em volta, entra o cantador. Senta no beliche de Wachsmann, e logo junta-se ao redor dele uma turminha atenta e silenciosa. Ele canta uma interminável rapsódia iídiche, sempre igual, em quadras ritmadas, de uma melancolia resignada e penetrante (ou talvez seja assim que a lembre, só porque a ouvi naquela hora e naquele lugar?). Pelas poucas palavras que compreendo, parece uma canção que ele mesmo compôs sobre a vida do Campo em seus menores detalhes. Alguém, generosamente, gratifica o cantor com uma pitada de fumo ou com uma agulhada de linha; outros escutam absortos, mas não dão nada.

De repente, ainda retumba o chamado para a última função do dia: – *Wer hat kaputt die Schuhe?* (Quem tem sapatos rotos?) – e já se desencadeia a barulheira dos 40 ou 50 aspirantes à troca, que se precipitam rumo ao *Tagesraum* numa corrida maluca: bem sabem que só os primeiros 10, no melhor dos casos, serão atendidos.

Depois é o sossego. A luz se apaga uma primeira vez, apenas uns segundos, para avisar os alfaiates que guardem o fio e a valiosíssima agulha; logo toca o sino ao longe, entra o guarda-noturno e todas as luzes se apagam definitivamente. Só nos resta despir-nos e deitar.

Não sei quem é o meu vizinho; nem posso estar seguro de que seja sempre a mesma pessoa, porque nunca lhe vi a cara, a não ser por uns instantes no tumulto da alvorada; muito melhor do que a cara, conheço-lhe o dorso e os pés. Ele não trabalha no meu *Kommando* e vem para o beliche só na hora de dormir; enrola-se no cobertor, empurra-me de lado com um golpe de seu quadril magro, vira-me as costas e já começa a roncar. Dorso contra dorso, esforço-me por conquistar uma superfície razoável do colchão; com os rins faço pressão progressiva contra os rins dele; logo me viro e procuro empurrar com os joelhos, pego nos seus tornozelos e tento ajeitá-los um pouco mais longe, de modo a não ter seus pés na minha cara; tudo é inútil, porém; ele é bem mais pesado do que eu e no sono parece que virou pedra.

Então dou um jeito para deitar assim, imóvel, com metade do corpo por cima da borda de madeira. Estou tão cansado, porém, tão atordoado, que em breve eu também mergulho no sono, e parece-me dormir em cima dos trilhos.

O trem está por chegar: ouve-se ofegar a locomotiva – e a locomotiva é o meu vizinho. Ainda não estou tão adormecido que não me dê conta da dupla natureza da locomotiva. É essa mesma que, hoje na fábrica, rebocava os vagões que tivemos de descarregar; reconheço-a porque, agora também, como quando passou ao nosso lado, percebo o calor que se irradia de seu negro flanco. Arfa, cada vez mais perto; já vem por cima de mim... e nunca chega. O meu sono é leve, leve como um véu; posso rasgá-lo quando quero. Quero, sim, para sair de cima dos trilhos. Pronto: estou acordado. Não bem acordado; só um pouco, entre a insensibilidade e a consciência. Tenho os olhos fechados; não quero abri-los, não, para que o sono não fuja de mim, mas ouço os ruídos: este apito ao longe eu sei que é de verdade, não é da locomotiva do sonho. É o apito do trenzinho da fábrica, que trabalha dia e noite. Uma longa nota firme, logo outra, mais baixa de um semitom, logo a primeira nota de novo, mas curta, truncada. Esse apito é importante; é, de certo modo, essencial: tantas vezes já o ouvimos, ligado ao sofrimento do trabalho e do Campo, que se tornou seu símbolo, evoca diretamente a ideia do Campo, assim como acontece com certos cheiros, certas músicas.

Aqui está minha irmã, e algum amigo (qual?), e muitas outras pessoas. Todos me escutam, enquanto conto do apito em três notas, da cama dura, do vizinho que gostaria de empurrar para o lado, mas tenho medo de acordá-lo porque é mais forte que eu. Conto também a história da nossa fome, e do controle dos piolhos, e do *Kapo* que me deu um soco no nariz e logo mandou que me lavasse porque sangrava. É uma felicidade interna, física, inefável, estar em minha casa, entre pessoas amigas, e ter tanta coisa para contar, mas bem me apercebo de que eles não me escutam. Parecem indiferentes; falam entre si de outras coisas, como se eu não estivesse. Minha irmã olha para mim, levanta, vai embora em silêncio.

Nasce então, dentro de mim, uma pena desolada, como certas mágoas da infância que ficam vagamente em nossa memória; uma dor não temperada pelo sentido da realidade ou a intromissão de circunstâncias estranhas, uma dor dessas que fazem chorar as crianças. Melhor, então, que eu torne mais uma vez à tona, que abra bem os olhos; preciso estar certo de que acordei, acordei mesmo.

O sonho está na minha frente, ainda quentinho; eu, embora desperto, continuo, dentro, com essa angústia do sonho; lembro, então, que não é um sonho qualquer;

que, desde que vivo aqui, já o sonhei muitas vezes, com pequenas variantes de ambiente e detalhes. Agora estou bem lúcido, recordo também que já contei o meu sonho a Alberto e que ele me confessou que esse é também o sonho dele e o sonho de muitos mais; talvez de todos. Por quê? Por que o sofrimento de cada dia se traduz, constantemente, em nossos sonhos, na cena sempre repetida da narração que os outros não escutam?

... Enquanto medito assim, procuro aproveitar esse intervalo de lucidez para tirar de cima de mim os farrapos de angústia da modorra anterior e garantir, talvez, a paz do próximo sono. Sento no escuro, olho ao redor, aguço o ouvido.

Os companheiros dormem. Respiram, roncam, alguns se queixam e falam. Muitos estalam os lábios e mexem os maxilares. Sonham que comem; esse também é um sonho de todos, um sonho cruel; quem criou o mito de Tântalo devia conhecê-lo. Não apenas se vê a comida; sente-se na mão, clara, concreta; percebe-se seu cheiro, gordo e penetrante; aproximam-na de nós, até tocar nossos lábios; logo sobrevém algum fato, cada vez diferente, e o ato se interrompe. Então o sonho se dissolve, cinde-se em seus elementos, mas recompõe-se logo, recomeça, semelhante e diverso; e isso sem descanso, para cada um de nós, a cada noite enquanto a alvorada não vem.

* * *

Devem ter passado as onze da noite, porque já é frequente o vaivém até o balde, ao lado do guarda. É um obsceno tormento, uma vergonha indelével. A cada duas, três horas, temos que levantar para despejar essa quantidade de água que durante o dia devemos absorver, sob a forma de sopa, a fim de saciar a fome; essa mesma água que à noite nos incha tornozelos e olhos, marcando em todos os rostos uma semelhança disforme, e cuja eliminação impõe aos rins um trabalho extenuante.

Não se trata apenas da procissão até o balde. A lei é que o último a usar o balde vá esvaziá-lo na privada; a lei é, também, que à noite só se possa sair do Bloco de camisa e ceroulas, indicando previamente ao guarda o número de matrícula. Consequência: o guarda-noturno procura poupar dessa tarefa seus amigos e patrícios e os "proeminentes"; e mais: os mais velhos do Campo já têm sentidos tão aguçados, que, embora ficando em seus beliches, conseguem, milagrosamente, perceber (apenas pelo barulho das paredes do balde) se o líquido chegou ou não ao nível perigoso, e portanto conseguem, em geral, evitar a tarefa. Os candidatos ao serviço de esvaziar o balde são poucos, em cada Bloco, enquanto os litros de líquido a eliminar são, no mínimo, 200, de modo que o balde deve ser esvaziado umas 20 vezes.

Em conclusão: o risco é grave para nós, inexperientes e não privilegiados, quando, a cada noite, a necessidade nos impele até o balde. De repente, o guarda pula fora de seu canto, nos agarra, rabisca o nosso número, nos entrega os tamancos e o balde e nos empurra para fora, na neve, tiritantes e sonolentos. Toca-nos arrastar-nos até a latrina, com o balde batendo nas pernas nuas, asquerosamente morno; tão cheio que, a cada sacudida, algo transborda em nossos pés. Por isso, embora a tarefa seja nojenta, ainda é melhor que toque a nós e não ao nosso companheiro de cama.

Assim transcorrem as nossas noites. O sonho de Tântalo e o sonho da narração inserem-se num contexto de imagens mais confusas: o sofrimento do dia, feito de fome, pancadas, frio, cansaço, medo e promiscuidade, transforma-se, à noite, em pesadelos disformes de inaudita violência, como, na vida livre, só acontecem nas noites de febre. Despertamos a cada instante, paralisados pelo terror, num estremecimento de todos os membros, sob a impressão de uma ordem berrada por uma voz furiosa, numa língua incompreensível. A procissão do balde e o barulho dos nossos pés descalços no assoalho transformam-se em outra simbólica procissão: somos nós, cinzentos e idênticos, pequenos como formigas e altos até as estrelas, comprimidos um contra outro, inumeráveis, por toda a planície até o horizonte; fundidos, às vezes, numa única substância, numa massa angustiante na qual nos sentimos presos e sufocados; ou, às vezes, numa marcha em círculo, sem começo nem fim, numa ofuscante vertigem, numa maré de náusea que nos sobe até a garganta; até que a fome, o frio ou a bexiga cheia encaminhem os nossos sonhos dentro dos esquemas de sempre. Quando o pesadelo mesmo, ou o incômodo nos despertam, tentamos em vão decifrar seus elementos, rechaçá-los um por um fora da nossa percepção atual, para defender nosso sono da sua intromissão, mas, logo que fechamos os olhos, percebemos novamente que o cérebro recomeçou a trabalhar, independentemente da nossa vontade; zune e martela, sem descanso, constrói fantasmas e signos terríveis, sem parar os traça e os agita numa névoa cinzenta na tela dos sonhos.

Enquanto dura a noite, porém, através desse constante alternar-se de sono, vigília e pesadelos, estão sempre presentes a espera e o terror do instante da alvorada. Graças a essa faculdade misteriosa comum a muitos, podemos, embora sem relógios, prever quase exatamente sua chegada. À hora do toque da alvorada, que muda conforme as estações mas que precede sempre, e muito, a aurora, toca insistentemente o sininho do Campo. Em cada Bloco, o guarda-noturno acaba seu trabalho: liga as luzes, levanta-se, espreguiça-se e pronuncia a condenação de cada dia: – *Aufstehen!* (Levanta) – ou, mais frequentemente, em polonês: – *Wstawac!*

Bem poucos são os que ainda dormem quando é pronunciada essa palavra: a dor desse instante é aguda demais para que, à sua aproximação, não se dissolva o sono mais profundo. O guarda-noturno bem sabe disso; nem precisa gritar em voz de comando, fala em voz baixa e calma, será logo ouvido e obedecido.

A palavra estrangeira cai como uma pedra no fundo de cada alma. "Levantar": a ilusória barreira dos cobertores quentinhos, o tênue invólucro do sono, a evasão, embora tormentosa, da noite, desabam ao redor de nós; estamos irremediavelmente despertos, expostos à ofensa, cruelmente nus e vulneráveis. Vai começar mais um dia igual aos outros, tão longo, que o seu termo é quase inconcebível: quanto frio, quanta fome, quanto cansaço nos separam, ainda, desse termo! Melhor concentrar a atenção e o desejo na forminha de pão cinzento, que é pequena, sim, mas que em breve será nossa e, durante cinco minutos (até que a tivermos devorado), constituirá tudo que a lei deste lugar nos permite possuir.

Ao *Wstawac* recomeça o tumulto. De repente, o dormitório inteiro entra numa atividade frenética; cada um sobe e desce pelo beliche, arruma a cama e ao mesmo tempo trata de pôr a roupa, de modo a não perder de vista nenhum de seus pertences; o ar enche-se de pó, andamos dentro de uma nuvem opaca; os mais rápidos abrem caminho às cotoveladas para chegar ao lavatório e à privada antes que se forme a fila. E já entram em função os garis, que empurram para fora todo mundo, aos gritos e às pancadas.

Arrumei a cama, botei a roupa. Desço até o chão, ponho os sapatos. Reabrem-se as chagas dos pés. Mais um dia começa.

O trabalho

Antes de Resnyk, ao meu lado dormia um polonês cujo nome ninguém sabia; ele era calado e manso, tinha duas velhas feridas nas canelas e, à noite, exalava um cheiro nauseabundo de doença; era, ainda, débil de bexiga e acordava (e me acordava) oito ou dez vezes cada noite.

Uma tarde, entregou-me as luvas e baixou ao hospital. Durante meia hora, esperei que o encarregado esquecesse que eu ficara sozinho em minha cama, mas, já depois do toque de silêncio, o beliche estremeceu e um sujeito comprido e vermelho, com o número dos franceses de Drancy*, subiu ao meu lado.

Ter um companheiro de cama de alta estatura é uma desgraça: significa perder horas de sono, e a mim tocam sempre companheiros altos, porque sou baixinho, e dois compridões não cabem juntos numa cama. Vi logo, porém, que Resnyk, apesar disso, não era mau companheiro. Falava pouco, e gentilmente; era limpo, não roncava, só

---

* Em Drancy, perto de Paris, os alemães organizaram um grande campo provisório para os judeus capturados na França e destinados aos campos de extermínio. (N. do T.)

levantava duas ou três vezes por noite, e procurando não incomodar. De manhã, prontificou-se a arrumar a cama (tarefa complicada, trabalhosa, que implica uma responsabilidade considerável, já que os que não arrumam direito a sua cama, os *schlechte Bettenbauer*, são devidamente punidos), arrumou-a bem e depressa, de maneira que me causou certa fugaz alegria o fato de que, mais tarde, na Praça da Chamada, ele fosse agregado ao meu *Kommando*.

Na marcha para o trabalho, vacilando sobre nossos tamancos por cima da neve gelada, trocamos algumas palavras. Resnyk é polonês; morou 20 anos em Paris, mas fala um francês terrível. Tem 30 anos, porém, assim como cada um de nós, poderia aparentar entre 17 e 50. Contou-me a sua história e já a esqueci; devia ser, por certo, uma história dolorosa, comovedora, cruel, porque todas as nossas histórias são assim, centenas de milhares de histórias, cada uma diferente das demais e cada uma carregada de uma trágica, surpreendente, fatalidade. Contamo-nos essas histórias, uns aos outros, à noite; histórias de fatos acontecidos na Noruega, na Itália, na Argélia, na Ucrânia, histórias simples e incompreensíveis como as da Bíblia. Ou serão, acaso, histórias de uma nova Bíblia?

Ao chegarmos à fábrica, conduziram-nos à *Eisenröhreplatz*, o descampado onde são carregados os canos de ferro, e logo começou a rotina. O *Kapo* repetiu a chamada, anotou, rapidamente, os recém-chegados, acertou com o mestre civil o trabalho de hoje. Logo nos entregou ao capataz e foi dormir na choupana das ferramentas. Ele não é um *Kapo* que incomode, porque não é judeu e não tem medo de perder seu lugar. O capataz distribuiu as alavancas de ferro a nós, e os cabrestantes a seus amigos; houve a pequena briga de praxe para nos apoderarmos das alavancas mais leves, e hoje fui mal, a minha é essa meio torta, que pesa seus bons 15 quilos. Já sei que, ainda que a manuseasse sem levantar nada, ao cabo de meia hora estaria morto de cansaço.

Depois fomos embora, cada qual com a sua alavanca, claudicando na neve que ia se derretendo. A cada passo, mais um pouco de neve e barro grudava-se nas solas de madeira, até que acabávamos caminhando vacilantes por cima de dois aglomerados disformes, dos quais não havia jeito de nos livrar. E se, de repente, um deles se soltava, era como se uma perna ficasse um palmo mais curta que a outra.

Hoje vamos descarregar do vagão um enorme cilindro de ferro fundido; parece-me um cano para síntese de gases; deve pesar várias toneladas. Melhor assim: a gente cansa menos lidando com as grandes cargas do que com as pequenas. O trabalho é mais repartido, recebem-se as ferramentas adequadas, só que é um trabalho perigoso, não dá para se distrair: um descuido, e a carga pode nos esmagar.

Mestre Nogalla em pessoa, o capataz polonês, rígido, sério, caladão, cuidou da tarefa de descarga. Agora o cano jaz no chão e Mestre Nogalla diz: – *Bohlen holen.*

Sentimo-nos desfalecer. Isso significa "trazer dormentes", para armar, no barro mole, a trilha sobre a qual o cilindro vai ser empurrado com as alavancas até a fábrica. Os dormentes estão afundados no chão e pesam 80 quilos, o que representa, mais ou menos, o limite das nossas forças. Os mais robustos, trabalhando em pares, podem transportar dormentes durante algumas horas. Para mim, isso é uma tortura. O peso esmaga-me o ombro; após a primeira viagem, já estou surdo e meio cego pelo esforço; cometeria qualquer covardia para evitar uma segunda viagem.

Tentarei ficar em parelha com Resnyk, que parece ser bom trabalhador e, alto como é, acabará aguentando a maior parte do peso. Bem sei o que vai acontecer: Resnyk recusará com desprezo e procurará juntar-se com outro sujeito robusto; então, pedirei para ir ao banheiro e lá ficarei enquanto puder; logo tentarei me esconder, embora com a certeza de ser descoberto, escarnecido e surrado; tudo, porém, será melhor que esse trabalho.

Ao contrário, Resnyk aceita. E não apenas isso: levanta sozinho o dormente, encosta-o em meu ombro direito, com cuidado; logo levanta a outra ponta, sustenta-a em seu ombro esquerdo; partimos.

O dormente tem uma crosta de neve e barro, a cada passo choca-se contra a minha orelha, a neve desliza no meu pescoço. Depois de uns 50 metros, já estou no limite do que uma criatura pode aguentar; meus joelhos se dobram, o ombro dói como se um torniquete o apertasse, o equilíbrio vacila. A cada passo, o barro segura meus sapatos – esse onipresente barro polonês, cujo monótono peso enche os nossos dias.

Mordo fundo meus lábios; bem sabemos que provocar-se uma pequena dor acessória pode servir de estímulo para juntar as extremas reservas de energia. Também os *Kapos* sabem disso; alguns deles nos surram por pura brutalidade; outros, porém, surram-nos quando estamos debaixo da carga quase carinhosamente, acompanhando os golpes com exortações e incitamentos, assim como fazem os carroceiros com seus esforçados cavalos.

Chegamos ao cilindro, largamos o dormente, eu fico imóvel, os olhos vazios, a boca aberta, os braços pendentes, absorto no êxtase efêmero e negativo da cessação da dor. Numa bruma de esgotamento, aguardo o empurrão que me obrigará a recomeçar o trabalho, e tento aproveitar cada segundo de espera para recuperar alguma energia.

O empurrão não chega. Resnyk toca-me o cotovelo; lentamente voltamos aos dormentes. Lá perambulam os outros, aos pares, todos tentando demorar tanto quanto possível antes de submeter-se à nova carga.

– *Allons, petit, attrape.* (Vamos, rapazes: pega). – Desta vez, o dormente é seco e um pouco mais leve, mas, no fim da segunda viagem, apresento-me ao capataz pedindo para ir à privada.

Por sorte, a latrina é um tanto longe, o que nos permite, uma vez por dia, uma ausência mais demorada, e, ainda, já que é proibido ir lá sozinhos, Wachsmann, o mais fraco e desajeitado do *Kommando,* foi encarregado da função de *Scheissbegleiter,* acompanhador às latrinas. Wachsmann, por força dessa nomeação, é responsável por nossas hipotéticas tentativas de fuga (risíveis hipóteses!) e, mais realisticamente, por nossas demoras.

Meu pedido foi aceito; encaminho-me, no meio do barro, da neve e dos cacos de ferro, escoltado pelo pequeno Wachsmann. Com ele não há jeito de se entender, porque não possuímos línguas em comum; seus companheiros, porém, disseram-me que é rabino, aliás, *Melamed,* um douto da Torá, e, ainda, em sua terra na Galícia, tinha fama de curandeiro e taumaturgo. Posso acreditar nisso, já que, magrinho, frágil e manso como é, conseguiu trabalhar dois anos aqui, sem ficar doente e sem morrer, inflamado, pelo contrário, por uma assombrosa vitalidade de olhares e de palavras; chega a passar longas horas noturnas discutindo questões talmúdicas, de modo para mim incompreensível, em iídiche e em hebraico, com Mendi, que é rabino modernista.

A latrina é um oásis de paz. É uma latrina provisória, que os alemães ainda não equiparam com os tabiques de madeira habituais para separar os vários setores: *Nur für Engländer* (só para ingleses), *Nur für Polen* (poloneses), *Nur für Ukrainische Frauen* (mulheres ucranianas) e assim por diante, e, mais à parte, *Nur für Häftlinge*. No interior, lado a lado, estão sentados quatro *Häftlinge* esfomeados, um velho barbudo, operário russo com a faixa azul OST no braço esquerdo, um rapaz polonês, com um grande P branco no peito e nas costas, um prisioneiro de guerra inglês, de rosto maravilhosamente róseo e barbeado, a farda cáqui reluzente, bem passada e limpa, a não ser a grande marca nas costas: KG *(Kriegsgefangener*, prisioneiro de guerra). Um quinto *Häftling* está na porta e, a cada pessoa que entra desafivelando o cinto, pergunta, paciente e monótono: – *Êtes-vous français?*

Quando volto ao trabalho, vejo passar os caminhões do rancho, o que significa que são dez horas; já é alguma coisa, o intervalo do meio-dia já se vislumbra nas brumas do futuro e isso nos dá força.

Ainda faço duas ou três viagens com Resnyk, sempre tentando achar dormentes mais leves, até em pilhas afastadas, mas os melhores já foram levados, só restam os outros, medonhos, de cantos cortantes, carregados de barro e de gelo ou com travessas de ferro encravadas, onde encaixar os trilhos.

Quando Franz vem chamar Wachsmann para que vá retirar o rancho com ele, quer dizer que são onze horas, que a manhã quase acabou. Ninguém quer pensar na tarde. Depois, às onze e meia, o rancho chega, e vêm as perguntas de sempre, qual é a quantidade da sopa, hoje, e como ela é, e se nos tocou da superfície ou do fundo do panelão; eu me esforço por não fazer essas perguntas, mas não posso evitar de aguçar avidamente o ouvido às respostas e o olfato à fumaça que o vento nos traz da cozinha.

E por fim, como um meteoro celeste, sobre-humano e impessoal como um sinal divino, soa o apito do meio-dia, atendendo aos nossos cansaços, nossas fomes anônimas e idênticas. E mais uma vez, as coisas de sempre: corremos para a barraca, formamos fila estendendo as gamelas, todos temos uma urgência animal de despejar em nossas vísceras a quente mistura; ninguém, porém, quer ser o primeiro, porque toca ao primeiro a ração mais líquida. Como sempre, o *Kapo* debocha de nós, insulta-nos por causa da nossa voracidade e nem pensa em remexer na sopa, porque o fundo espesso ficará para ele. Logo vem a beatitude da barriga cheia, quente, no calor do barraco ao redor da estufa barulhenta. Os que fumam, com gestos avaros e devotos, enrolam um magro cigarro; as roupas, úmidas de barro e de neve, fumegam na frente da estufa, com cheiro de canil e rebanho.

Uma tácita convenção manda que ninguém fale; num minuto, todos dormem, sentados lado a lado; por momentos cabeceiam para a frente e logo se endireitam, enrijecendo o lombo. Por trás das pálpebras recém-fechadas, brotam violentamente os sonhos, os sonhos de sempre. De estar em nossa casa, numa prodigiosa banheira quente. De estar em casa, sentados à mesa. De estar em casa, narrando este nosso trabalho sem esperança, esta fome de sempre, este sono de escravos.

Logo, no meio dos vapores das torpes digestões, condensa-se um núcleo odoloroso, e nos punge, e cresce até transpor o limiar da consciência, e nos tira a felicidade do sono. *Es wird bald ein Uhr sein,* é quase uma hora. Como um câncer rápido e voraz, isso acaba com nosso sono e nos esmaga numa angústia antecipada; aguçamos o ouvido ao vento assobiando lá fora, à neve zunindo na vidraça, *es wird schnell ein Uhr sein,* já vai ser uma hora. Enquanto cada um se aferra ao sono para que não o abandone, todos nossos sentidos estão tensos no pavor do sinal que está por vir, que já está no umbral da porta, que chega...

Aqui está. Uma pancada na vidraça, Mestre Nogalla atirou uma bola de neve, espera de pé, rígido, lá fora, segura o relógio com o mostrador à vista. O *Kapo* levanta, espreguiça-se, diz – em voz baixa, bem sabe que não precisa gritar para ser atendido: – *Alles heraus* – todos para fora.

* * *

Poder chorar! Poder enfrentar o vento como antigamente, de igual para igual, não como vermes ocos sem alma!

Estamos fora. Cada qual retoma a sua alavanca. Resnyk retrai a cabeça entre os ombros, calca o boné até as orelhas, olha para o céu baixo e cinzento de onde redemoinha a neve impiedosa: – *Si j'avais un chien, je ne le chasse pas dehors.* (Se tivesse um cachorro, não o expulsaria.)

Um dia bom

A convicção de que a vida tem um objetivo está enraizada em cada fibra do homem; é uma característica da substância humana. Os homens livres dão a esse objetivo vários nomes, e muitos pensam e discutem quanto à sua natureza. Para nós, a questão é mais simples.

Hoje, e aqui, o nosso objetivo é aguentarmos até a primavera. No momento, não pensamos em outra coisa. Depois desse objetivo não há, por enquanto, outro. De manhã, quando, formados na Praça da Chamada, esperamos longamente pela hora de irmos ao trabalho, e cada sopro de vento penetra por baixo da roupa e corre em arrepios por nossos corpos indefesos, e tudo ao redor é de cor cinza, e nós também somos cinzentos; de manhã, quando ainda está escuro, todos esquadrinhamos o céu ao nascente, à espera dos primeiros sinais da primavera, e cada dia comenta-se o levantar do sol – hoje um pouco antes do que ontem, hoje um pouco mais quente; em dois meses, num mês, o frio abrandará, teremos um inimigo a menos.

Hoje, pela primeira vez, o sol nasceu vivo e nítido por cima do horizonte de lama. É um sol polonês, frio, branco e longínquo, esquenta apenas a pele, mas, quando se libertou das últimas brumas, um sussurro correu pela nossa pálida multidão, e quando eu também senti sua tepidez através da roupa, compreendi como é que se pode adorar o sol.

– *Das Schlimmste ist vorüber* – diz Ziegler, erguendo no sol os magros ombros: o pior já passou. Ao nosso lado está um grupo de gregos, esses admiráveis e terríveis judeus Saloniki, teimosos, ladrões, ferozes e solidários, tão decididos a continuar vivendo e tão implacáveis na luta pela vida; esses gregos que prevaleceram, nas cozinhas e na fábrica, e que até os alemães respeitam e os poloneses temem. Estão em seu terceiro ano de Campo, ninguém melhor do que eles sabe o que é o Campo; agora, reunidos em círculo, ombro a ombro, cantam uma dessas suas cantilenas sem fim.

Felício, o grego, me conhece: – *L'année prochaine à la maison!* (No ano próximo, para casa!) – grita-me, e acrescenta – ... *à la maison par la cheminée!* (para casa, passando pela chaminé!) – O Felício esteve em Birkenau. E eles continuam cantando, sapateando, inebriando-se de canções.

Quando, por fim, saímos pelo grande portal do Campo, o sol já estava bastante alto e o céu sereno. Viam-se ao sul as montanhas; no poente, familiar e absurdo, o campanário de Auschwitz (aqui, um campanário!) e ao redor o cerco dos balões cativos. Os vapores da fábrica estagnavam no ar frio; viam-se também uma série de baixas colinas, verdes de bosques, e a vista nos apertou o coração;

todos sabemos que aquilo é Birkenau, que lá acabaram as nossas mulheres, que em breve nós também acabaremos lá; só que não estamos acostumados a vê-lo.

Pela primeira vez, nos demos conta de que, para os lados da estrada, aqui também a campina é verde. Quando não há sol, onde está o verde dos campos?

A fábrica, essa não: a fábrica é desesperadamente, essencialmente, cinzenta e opaca. Este emaranhado sem fim de ferro, cimento, fumaça e lama é a negação da beleza. Suas ruas, seus edifícios chamam-se como nós, com letras ou números, ou com nomes inumanos e sinistros. Dentro da sua cerca não cresce um fio de grama, a terra está saturada dos resíduos tóxicos de carvão e petróleo, não há nada vivo, a não ser as máquinas e os escravos; mais vivas aquelas do que estes.

A fábrica é grande como uma cidade. Ali trabalham, além dos chefes e técnicos alemães, 40 mil estrangeiros; falam-se 15 ou 20 línguas. Todos os estrangeiros moram nos vários Campos próximos: o Campo dos prisioneiros ingleses, o Campo das mulheres ucranianas, o Campo dos voluntários franceses, e outros Campos que não conhecemos. Só o nosso Campo (*Judenlager, Vernichtungslager, Kazett*) fornece 10 mil trabalhadores, vindos de todas as nações da Europa, e nós somos os escravos dos escravos, que todos podem comandar, e o nosso nome é o número que levamos, tatuado no braço e costurado no peito.

A Torre do Carbureto, que se eleva no meio da fábrica e cujo topo raramente se enxerga na bruma, fomos nós que a construímos. Seus tijolos foram chamados *Ziegel, briques, tegula, cegli, kamenny, bricks, téglak,* e foi o ódio que os cimentou; o ódio e a discórdia, como a Torre de Babel, e assim a chamamos: Babelturm, Babelturm, e odiamos nela o sonho demente de grandeza dos nossos patrões, seu desprezo de Deus e dos homens, de nós homens.

E, ainda uma vez, hoje, como na antiga lenda, nós todos percebemos (e os mesmos alemães o percebem) que uma maldição – não transcendente e divina, mas imanente e histórica – pende sobre essa insolente estrutura, fundada na confusão das linguagens e erguida a desafiar o céu, como uma blasfêmia de pedra.

Da fábrica da Buna, que custou aos alemães quatro anos de trabalho, e na qual nós sofremos e morremos inumeráveis, nunca saiu nem um quilo de borracha sintética.

Hoje, porém, as poças d'água, por cima das quais tremula um véu iridescente de petróleo, refletem o céu sereno. Canos, caibros, caldeiras, ainda frios do gelo da noite, gotejam orvalho. A terra revolvida das escavações, as pilhas de carvão, os blocos de cimento exalam numa leve névoa a umidade do inverno.

Hoje é um dia bom. Olhamos ao redor, como cegos que recuperaram a visão, e nos entreolhamos. Nunca nos víramos no sol! Alguém sorri. Se não fosse pela fome...

Porque assim é a natureza humana: as penas padecidas simultaneamente não se somam em nossa sensibilidade; ocultam-se, as menores atrás das maiores, conforme uma lei de prioridades bem definida. Isso é providencial, e nos permite viver no Campo. E é esse o motivo pelo qual ouve-se dizer, amiúde, na vida livre, que o homem é incontentável. Realmente, mais que de incapacidade humana para um estado de bem-estar absoluto, trata-se de conhecimento insuficiente da complexidade do estado de desgraça; às suas causas (que são múltiplas, e hierarquicamente dispostas), dá-se apenas um nome, o da causa maior, até que esta eventualmente chegue a cessar, e então nos assombra dolorosamente a constatação de que atrás dessa havia outra, uma série de outras.

Portanto, acabado o frio, que durante todo o inverno nos parecia o único inimigo, demo-nos conta de ter fome, e, voltando ao mesmo erro, hoje repetimos: – Se não fosse por essa fome...

Como poderíamos pensar em não ter fome? O Campo *é* a fome; nós mesmos somos a fome, uma fome viva.

Além da estrada, trabalha uma escavadeira. A sua concha, suspensa nos cabos, escancara suas mandíbulas dentadas, paira um instante, como hesitando na escolha, de repente arremete contra a terra mole e argilosa, abocanha ávida, enquanto da cabine sai um jato satisfeito de fumaça branca e densa. Logo torna a levantar, dá um quarto de volta, despeja a presa que estava carregando, e recomeça.

Apoiados em nossas pás, olhamos fascinados. A cada mordida da escavadeira entreabrem-se as bocas, os pomos de adão sobem e descem, miseramente visíveis por baixo da pele frouxa. Não conseguimos renunciar ao espetáculo do banquete da escavadeira.

Sigi tem 17 anos e mais fome que todos, embora a cada noite receba um pouco de sopa de seu protetor, presumivelmente não desinteressado. Começou falando de sua casa em Viena, e de sua mãe; logo descambou para o tema da comida; agora conta sem parar a história de não sei qual jantar de núpcias e lembra, com sincero pesar, que não acabou seu terceiro prato de sopa de feijão. Todos mandam que cale a boca, mas não passam dez minutos e já Bela nos descreve a sua campina húngara, e os milharais, e uma receita para cozinhar polenta doce, com as espigas torradas, o toucinho, as especiarias, e... e é amaldiçoado, insultado, e mais outro começa a contar...

Como a nossa carne é fraca! Eu me dou conta perfeitamente de quanto são vãs essas fantasias de fome, mas não consigo arrancar-me da lei comum, dança na frente de meus olhos o macarrão que tínhamos recém-cozinhado, Vanda, Luciana, Franco e eu, na Itália, no campo provisório, quando, de repente, soubemos que no dia seguinte viríamos para cá; estávamos comendo a massa (tão gostosa, amarela, no ponto) e paramos, burros, insensatos: se soubéssemos! Se isso acontecesse outra vez... Absurdo: se neste mundo existe algo certo, é que nunca mais isso nos acontecerá.

Fischer, o recém-chegado, tira do bolso um pacotinho embrulhado com essa meticulosidade dos húngaros; dentro há meia ração de pão: a metade do pão desta manhã. É sabido que só os "números grandes" guardam no bolso seu pão: ninguém de nós, veteranos, está em condições de guardar o pão durante uma hora. Circulam várias teorias para justificar essa nossa incapacidade: o pão comido pouco a pouco não é assimilado totalmente; a tensão nervosa necessária para conservar o pão, sem fincar-lhe o dente apesar da fome, prejudica e enfraquece a gente; o pão dormido perde rapidamente seu valor alimentício, de modo que quanto antes se come, mais resulta nutritivo; Alberto diz que a fome e o pão no bolso são somatórios de sinal contrário, que se elidem automaticamente e não podem coexistir na mesma pessoa; a maioria, enfim, afirma com razão que o estômago é o cofre mais seguro contra roubos e extorsões. – *Moi, on m'a jamais volé mon pain!* (ninguém, nunca roubou o meu pão!) – rosna David, dando umas pancadinhas na concavidade de seu estômago, mas não pode tirar os olhos de Fischer que mastiga lento e metódico, do "felizardo" que ainda possui meia ração às dez horas da manhã: – *Sacré veinard, va!* (Esse rabudo danado!)

Não é apenas por causa do sol que hoje é dia de alegria: ao meio-dia nos espera uma surpresa. Além do rancho normal da manhã, encontramos no Bloco um fabuloso panelão de 50 litros, desses da cozinha da fábrica, quase cheio. Templer olha triunfante para nós: foi ele que arranjou.

Templer é o "faz-tudo" oficial do nosso *Kommando*: para a sopa dos trabalhadores externos tem uma sensibilidade rara, como as abelhas para as flores. O nosso *Kapo*, que não é mau, deixa-lhe toda iniciativa, e com razão: Templer se vai, atrás de pistas imperceptíveis, como um sabujo, e volta com a preciosa notícia de que os operários poloneses do Metanol, a dois quilômetros daqui, deixaram 40 litros de sopa porque estava azeda, ou que um vagão de nabos ficou sem guarda no desvio morto da cozinha da fábrica.

Hoje os litros são 50 e nós 15, inclusive o *Kapo* e o capataz. Três litros por cabeça: um ao meio-dia, além do rancho normal, e, quanto aos outros dois, iremos por turnos ao galpão, à tarde; gozaremos, excepcionalmente, de cinco minutos de folga para encher a barriga.

Que mais poderíamos desejar? Até o trabalho parece leve, hoje, frente à perspectiva dos dois litros espessos e quentes que nos esperam no galpão. De vez em quando, o *Kapo* passa entre nós e chama: – *Wer hat noch zu fressen?* (Quem deve comer ainda?)

Realmente, *fressen* não é bem "comer". "Comer" é comer como gente, sentados à mesa, religiosamente: é *essen*. *Fressen* é comer como bichos, mas o *Kapo* não fala assim por escárnio. Comer assim, de pé, a toda a pressa, prendendo o fôlego, queimando-nos boca e garganta, é, realmente, *fressen;* é esta a palavra certa, a que costumamos dizer.

Mestre Nogalla observa e fecha os olhos às nossas ausências do trabalho. Ele também parece ter fome; se não fosse pelas conveniências sociais, talvez aceitasse um litro da nossa quente mistura.

Chega a vez de Templer, ao qual, com voto unânime, foram reservados cinco litros bem espessos, retirados do fundo do panelão – já que Templer, além de campeão do "jeito", é um incrível comedor de sopa e tem a singular habilidade de esvaziar o intestino, voluntária e antecipadamente, antes de uma comilança, o que contribui para a sua assombrosa capacidade gástrica.

Desse seu dom ele é, com razão, orgulhoso, e todo o mundo está a par dele, inclusive Mestre Nogalla. Acompanhado pela gratidão de todos, o benfeitor Templer fecha-se uns instantes na privada, sai radiante e pronto, encaminha-se, entre a geral benevolência, para aproveitar o fruto de sua obra: – *Nu, Templer, hast du Platz genug für die Suppe gemacht?* (Como é, Templer, arranjaste lugar para a sopa?)

Ao pôr do sol, toca a sirena do *Feierabend*, do fim do trabalho, e, já que todos estamos fartos (ao menos por algumas horas), não há brigas, sentimo-nos bem-dispostos, o *Kapo* não tem vontade de espancar-nos, conseguimos pensar em nossas mães e em nossas mulheres, o que raramente acontece. Durante algumas horas, podemos ser infelizes à maneira dos homens livres.

Aquém do bem e do mal

Tínhamos uma tendência incorrigível para ver em cada acontecimento um sinal e um símbolo. Fazia já 70 dias que demorava a *Wäschetauschen*, a cerimônia da troca de roupa, e corria insistente o boato de que a roupa faltava porque, aproximando-se a frente de guerra, os alemães não podiam encaminhar novos transportes para Auschwitz; "portanto", a libertação estava próxima. Corria, paralelamente, o boato oposto: que o atraso na troca significava certamente a próxima total aniquilação do Campo. Pelo contrário, a troca veio e, como sempre, a direção do Campo cuidou para que se verificasse de repente, em todos os Blocos ao mesmo tempo.

Convém saber que no Campo não há tecido e que este é precioso. O único jeito de arranjar um pano para limpar o nariz ou um trapo para enrolar os pés é cortar fora um pedaço de camisa no ato da troca. Se a camisa tem mangas compridas, cortam-se as mangas; se não, a gente se contenta com um retângulo da fralda, ou descose um dos tantos remendos. Ainda assim, precisa-se de certo tempo para conseguir agulha e linha e executar a operação com capricho, de modo que o estrago não resulte muito evidente na ocasião da entrega. A roupa suja e rasgada vai, num monte, à Alfaiataria do Campo, onde é sumariamente consertada; logo à desinfecção a vapor (não à lavagem!) e é novamente distribuída; daí, para salvar a roupa usada das citadas mutilações, a necessidade de que as trocas aconteçam de repente.

Mas, como sempre, não se pôde evitar que algum olhar esperto penetrasse sob a lona do carro que saía da desinfecção, de modo que em questão de minutos o Campo soube da iminência da *Wäschetauschen* e, de mais a mais, que desta vez tratava-se de camisas novas, provenientes de um transporte de húngaros chegado três dias antes.

A notícia teve imediata repercussão. Todos os detentores ilegais de segundas camisas, roubadas ou arranjadas ou até honestamente compradas em troca de pão para abrigar-se do frio ou para investir capital num momento de prosperidade, precipitaram-se até a Bolsa, esperando chegar a tempo para trocar a camisa de reserva por gêneros alimentícios, antes que a avalancha de camisas novas, ou a certeza da sua chegada, fizessem cair irreparavelmente a cotação do artigo.

A Bolsa é sempre muito ativa. Embora cada troca (aliás, cada espécie de posse) seja expressamente proibida, e frequentes batidas de *Kapos* ou Chefes de Bloco ponham a correr mercadores, clientes e curiosos, no canto nordeste do Campo (e se compreende: é o canto mais afastado dos alojamentos dos SS), logo que os grupos voltam do trabalho, há sempre um ajuntamento excitado – no verão, ao ar livre; no inverno, num dos lavatórios.

Vagam aqui, às dezenas, de lábios entreabertos e olhos alucinados, os desesperados de fome, que um instinto falaz leva onde as mercadorias expostas tornam mais aguda a mordida do estômago e mais ativa a salivação. Estão munidos, no melhor dos casos, da miserável meia ração de pão que, com esforço doloroso, pouparam desde a manhã, na absurda esperança de que apareça a pechincha de uma troca vantajosa com algum ingênuo que não esteja a par das cotações do dia. Alguns deles, com paciência feroz, compram, por essa meia ração, um litro de sopa e logo, distanciando-se dos demais, dela pescam os poucos pedaços de batata do fundo; logo, trocam outra vez a sopa pelo pão, e o pão por mais um litro a ser "desnatado", e assim por diante, até a exaustão dos nervos ou até que um dos prejudicados os apanhe com as mãos na massa e lhes dê uma boa lição, expondo-os ao vexame público. Pertencem à mesma categoria os que vêm à Bolsa para vender a sua única camisa. Bem sabem o que vai acontecer um desses dias, quando o *Kapo* se der conta de que sob o casaco eles estão nus. O *Kapo* perguntará o que é que fizeram com a camisa – pergunta puramente retórica pró-forma, só para abordar o assunto. Responderão que a camisa foi roubada no lavatório; também esta resposta é de praxe e não tem a pretensão de ser acreditada; até as pedras do Campo bem sabem que, 99 vezes em 100, quem não tem mais camisa vendeu-a por causa da fome, e que cada qual é responsável pela sua camisa, porque ela pertence ao Campo. Então o *Kapo* dará uma surra neles, e logo eles receberão outra camisa e, um dia ou outro, tornarão a vendê-la.

Os mercadores profissionais têm seu ponto na Bolsa, cada um em seu canto habitual; primeiros entre eles os gregos, imóveis e silenciosos como esfinges, acocorados atrás das gamelas de sopa espessa, fruto de seu trabalho, de suas manipulações e de sua solidariedade nacional. Os gregos já estão reduzidos a pouquíssimos; deram, porém, uma contribuição considerável à fisionomia do Campo e à gíria internacional que se fala nele. Todo o mundo sabe que *caravana* é a gamela; que *la comedera es buena* significa que a sopa está gostosa; o vocábulo que exprime a ideia genérica de furto é *klepsi-klepsi*, de evidente origem grega. Esses poucos sobreviventes da colônia judia de Tessalônica, de dupla linguagem, espanhola e helênica, e de múltiplas atividades, são os depositários de uma concreta, terrena, consciente sabedoria na qual confluem as tradições de todas as civilizações mediterrâneas. O fato de que essa sabedoria se manifesta, no Campo, com a prática sistemática e científica do roubo e da escalada aos cargos, e com o monopólio da Bolsa de trocas, não deve fazer esquecer que a repulsa dos gregos à brutalidade inútil, a sua assombrosa consciência de que ainda subsiste uma dignidade humana (ao menos, potencial), faz deles o núcleo nacional mais coerente do Campo e, sob esses aspectos, mais civilizado.

A gente pode achar na Bolsa os especialistas em roubos na cozinha, com os casacos estofados por saliências misteriosas. Enquanto para a sopa existe uma cotação praticamente estável (meia ração de pão por um litro de sopa), a cotação do nabo, das cenouras, das batatas é extremamente variável e depende muito de diferentes fatores, entre os quais a eficiência e a venalidade dos guardas de serviço nos depósitos.

Vende-se o Mahorca: o Mahorca é um tabaco ordinário, com aspecto de lascas de madeira, oficialmente à venda na Cantina, em pacotinhos de 50 gramas contra entrega de bônus-prêmios, teoricamente distribuídos entre os melhores trabalhadores da fábrica. Essa distribuição acontece irregularmente, com grande parcimônia e evidente injustiça, de maneira que os bônus acabam, em sua grande maioria, diretamente ou por abuso de autoridade, nas mãos dos *Kapos* ou dos "proeminentes"; circulam, porém, no mercado do Campo, funcionando como moeda, e seu valor é variável, estritamente ligado às leis da economia clássica.

Houve períodos nos quais pelos bônus-prêmios pagava-se uma ração de pão, logo uma e um quarto, até uma e um terço; um dia foi cotado a uma ração e meia; de repente, parou o abastecimento do Mahorca à Cantina, e, privada de sua cobertura, a moeda despencou até um quarto de ração. Houve depois uma fase de alta, devida a um motivo singular: a troca de guarnição no *Frauenblock* (Bloco das Mulheres) com a chegada de um contingente de robustas moças polonesas. O bônus-prêmio vale para uma entrada no *Frauenblock* (só para criminosos e políticos; não para os judeus, os quais, porém, não sofrem com essa limitação); então, os interessados trataram de açambarcar todos os bônus disponíveis e a cotação subiu, mas não por muito tempo.

Entre os *Häftlinge* comuns, bem poucos procuram o Mahorca para fumá-lo pessoalmente; em geral, este sai do Campo e vai parar entre os trabalhadores externos da fábrica. Esse é um tipo de *kombinacja* muito comum: o *Häftling*, depois de economizar de alguma maneira uma ração de pão, investe-a em Mahorca, entra em contato, cautelosamente, com um "amador" de fora, que compra o Mahorca pagando à vista, com uma quantidade de pão superior à inicialmente investida. O *Häftling* come a margem de lucro e põe novamente em circulação a ração que sobra. Negócios desse tipo estabelecem uma ligação entre a economia interna do Campo e a vida econômica do mundo exterior. Quando, casualmente, parou a distribuição de fumo à população civil de Cracóvia, o fato transpôs a cerca de arame farpado que nos segregava do resto do mundo, provocando um claro aumento da cotação do Mahorca e, portanto, do bônus-prêmio.

Esse caso foi o mais esquemático, mas há outros mais complexos. O *Häftling* compra, com Mahorca ou com pão, ou consegue de presente de um trabalhador de fora, um qualquer abominável, rasgado, sujo farrapo de camisa, desde que provido ainda de três furos por onde fazer passar, bem ou mal, os braços e a cabeça. Se o artigo mostra apenas sinais de uso, e não cortes arbitrários, ele vale como camisa, no ato da *Wäschetauschen*, da troca de roupas, e dá direito à troca; no pior dos casos, o portador poderá receber uma dose adequada de pancadas, por ter cuidado tão mal do vestuário regulamentar.

No interior do Campo, portanto, não há grande diferença entre o valor de uma camisa que ainda mereça o nome de camisa, e o valor de um trapo cheio de remendos; o *Häftling* supracitado encontrará facilmente um companheiro possuidor de uma camisa em condições de ser comercializada, mas sem poder aproveitá-la porque, por razões de setor de trabalho, ou de linguagem, ou de intrínseca incapacidade, não tem contato com trabalhadores externos. Este, então, se contentará com uma modesta quantidade de pão para fazer a troca, já que a próxima *Wäschetauschen* tornará igual o valor das duas camisas, a boa e a ruim, distribuindo totalmente ao acaso uma e outra. O primeiro *Häftling*, porém, poderá contrabandear para a fábrica a camisa boa e vendê-la ao trabalhador de antes (ou a outro qualquer) por quatro, seis, até dez rações de pão. Essa margem tão elevada de lucro revela a gravidade do risco de sair do Campo com mais de uma camisa posta, ou de voltar sem camisa.

Existem muitas variações sobre este tema. Há gente que não vacila em mandar extrair as coroas de ouro dos dentes para trocá-las na fábrica por pão ou tabaco; é mais comum, porém, que esse comércio aconteça com a intermediação de terceiros. Um "número grande", ou seja, um recém-chegado, já embrutecido pela fome e pela extrema tensão da vida no Campo, é notado por um "número pequeno", por sua valiosa prótese dentária. O "pequeno" oferece ao "grande" três ou quatro rações de pão, à vista, para que se submeta à extração. Se o "grande" aceita, o "pequeno" paga, leva o ouro à fábrica e, se estiver em contato com um trabalhador externo de confiança, que não inspire receio de delações ou calotes, realizará um lucro de dez, ou até vinte ou mais rações, que lhe serão pagas pouco a pouco, uma ou duas por dia. É de observar que, contrariamente ao que acontece na fábrica, o valor máximo dos negócios fechados dentro do Campo é de quatro rações de pão; aqui, seria praticamente impossível tanto estipular contratos a prazo, como preservar uma quantidade maior de pão da avidez alheia e da própria fome.

O tráfico com os trabalhadores externos é um aspecto característico do Campo de Trabalho e determina a sua vida econômica. Constitui, por outro lado, um crime expressamente previsto pelo Regulamento do Campo, assimilado aos crimes "políticos" e, portanto, severamente punido. O *Häftling* réu convicto de *Handel mit Zivilisten* (comércio com civis), se não tiver bons pistolões, acaba em Gleiwitz III, em Janina, em Heidebreck, nas minas de carvão, o que significa morte por esgotamento dentro de poucas semanas. E mais: o trabalhador externo, seu cúmplice, pode ser denunciado à competente autoridade alemã e condenado a passar no *Vernichtungslager* (Campo de Extermínio), em condições análogas às nossas, um período variável (pelo que sei) entre 15 dias e 8 meses. Os operários sujeitos a essa espécie de punição são despidos na chegada, como nós, mas suas roupas e objetos são guardados num depósito especial. Não são tatuados, não são raspados, de modo que se diferenciam facilmente de nós, mas, durante toda a duração da pena, são submetidos ao nosso trabalho e à nossa disciplina – com exceção, obviamente, das seleções.

Trabalham em *Kommandos* especiais, não têm contato algum com os *Häftlinge* comuns. O Campo, para eles, é apenas uma punição; portanto, se não morrerem por esgotamento ou doença, terão boas chances de retornar ao mundo dos homens. Se pudessem comunicar-se conosco, isso representaria uma brecha no muro que nos torna mortos para o mundo, e uma fresta no mistério que reina entre os homens livres quanto às nossas condições. Para nós, o Campo não é uma punição; para nós não está previsto um prazo; o Campo é apenas o gênero de existência que nos foi atribuído, sem limites de tempo, dentro da estrutura social alemã.

Uma seção do nosso Campo está destinada, justamente, aos trabalhadores externos de todas as nacionalidades, que ali devem permanecer durante um tempo mais ou menos longo, para expiar suas ligações ilícitas com os *Häftlinge*. Essa seção está separada do resto do Campo por uma cerca de arame farpado; chama-se *E Lager* (Campo E), e seus hóspedes chamam-se *E-Häftlinge*. "E" é a letra inicial de *Erziehung*, educação.

Todos os tráficos até agora mencionados baseiam-se no contrabando de materiais pertencentes ao Campo. Por isso, os SS são tão rigorosos ao reprimi-los: até o ouro dos nossos dentes é propriedade deles, porque, arrancado dos maxilares dos vivos ou dos mortos, cedo ou tarde acabará nas suas mãos. É natural, portanto, que se empenhem para que o ouro não saia do Campo.

Contra o roubo em si, porém, a direção do Campo não tem preconceito algum. Prova-o o critério de ampla conivência dos SS com o contrabando inverso.

Aqui a questão, em geral, é mais simples. Trata-se de roubar ou receptar algum dos variados utensílios, materiais, produtos etc. com os quais lidamos diariamente na fábrica por motivos de trabalho; introduzi-lo no Campo à noite, achar o interessado e fazer a troca por pão ou sopa. Esse tráfico é muito ativo; quanto a certos artigos, ainda que necessários à vida no Campo, o roubo na fábrica é o único meio regular de abastecimento. Casos típicos, os das vassouras, da tinta, do fio elétrico, da graxa para sapatos.

Por exemplo, como já dissemos, o Regulamento do Campo prescreve que cada manhã os sapatos sejam engraxados e lustrados, e todos os Chefes de Bloco são responsáveis, perante os SS, pelo cumprimento dessa norma por parte de seus homens. Seria de imaginar, portanto, que cada Bloco recebesse um fornecimento periódico de graxa para sapatos, mas não: o mecanismo é outro. Convém uma premissa: cada Bloco recebe a sua sopa, à noite, numa quantidade um tanto superior à soma das rações necessárias; o que sobra é repartido, conforme arbítrio do Chefe do Bloco: parte entre seus amigos e protegidos, parte aos varredores, aos guardas-noturnos, aos controladores de piolhos e aos demais funcionários e "proeminentes" do Bloco. O que ainda sobra (e o Chefe do Bloco dá sempre um jeito para que sobre) serve, justamente, para as compras.

Agora tudo está claro: os *Häftlinge* que, na fábrica, encontram a maneira de encher a gamela com graxa ou óleo (ou o que for: qualquer substância escura e untuosa pode servir), chegando, à noite, ao campo, passam por todos os Blocos até encontrarem o chefe que está sem graxa ou que pretende aumentar seu estoque. Aliás, em geral cada Bloco tem seu fornecedor habitual, com o qual foi acertada uma remuneração diária, desde que ele forneça a graxa cada vez que a reserva vá acabando.

Cada noite, nas portas do *Tagesräume*,* esperam pacientemente os grupinhos dos fornecedores: de pé, durante horas, debaixo da chuva ou da neve, discutem animadamente, em voz baixa, quanto às variações dos preços e ao valor dos bônus-prêmios. De vez em quando, um deles se afasta para uma rápida visita à Bolsa e volta com as últimas notícias.

Além dos artigos já mencionados, há outros, inumeráveis, que podem ser encontrados na fábrica e resultar úteis no Bloco, ou de agrado do chefe, ou de interesse dos "proeminentes". Lâmpadas, escovas, sabão comum ou de barbear, limas, alicates, sacos, pregos; vendem-se o álcool metílico, bom para fazer beberagens, e a gasolina, que serve para rústicos lampiões, prodígios da indústria secreta dos artesãos do Campo.

Nesta rede complicada de roubos e contrarroubos, alimentados pela surda hostilidade entre os comandos SS e as autoridades civis da fábrica, uma função importantíssima é exercida pela enfermaria (Ka-Be). O Ka-Be é o ponto de menor resistência, a saída por onde mais facilmente podem ser desobedecidos os regulamentos e burlada a vigilância dos chefes. Todos sabem que são

---

* *Tagesräume*: setores reservados aos *Kapos*, ao lado dos dormitórios comuns.

os próprios enfermeiros que jogam de novo no mercado, a baixo preço, as roupas e os sapatos dos mortos e dos "selecionados" que partem nus para Birkenau; são os enfermeiros e os médicos que contrabandeiam para a fábrica as sulfamidas de seu estoque, vendendo-as aos trabalhadores externos em troca de alimentos.

Os enfermeiros ganham bem com o tráfico de colheres. O Campo não fornece colher aos recém-chegados, embora não haja outro modo de tomar a sopa, quase líquida. As colheres são feitas na fábrica, às escondidas e nos intervalos livres, pelos *Häftlinge* que trabalham como especializados em *Kommandos* de ferreiros e chapeadores; trata-se de utensílios toscos e maciços, obtidos de chapas trabalhadas à força de martelo; amiúde com o cabo afiado para que sirva, ao mesmo tempo, de faca para cortar o pão. Os mesmos fabricantes os vendem diretamente aos recém-chegados: uma colher comum vale meia ração de pão; uma colher-faca, três quartos de ração. Acontece que a lei é que a gente possa entrar no Ka-Be com a colher; sair, só sem ela. Os que ficam bons, ao receberem alta e antes de reaverem suas roupas, têm sua colher roubada pelos enfermeiros, que logo a revendem na Bolsa. E já que, às colheres dos curados, somam-se as colheres dos mortos e dos "selecionados", os enfermeiros chegam a receber, diariamente, a arrecadação da venda de umas 50 colheres. Em compensação, os doentes com alta são obrigados a voltar ao trabalho com a desvantagem inicial de meia ração de pão, destinada à compra de uma nova colher.

Enfim: o Ka-Be é o principal cliente e receptador dos roubos perpetrados na fábrica. Da sopa destinada ao Ka-Be, não menos de 20 litros são separados diariamente como fundo destinado à compra de uma porção de objetos. Há quem roube tubinhos de borracha, utilizados no Ka-Be para clisteres e sondas gástricas; quem ofereça lápis e tintas de cor, requeridos para a complexa contabilidade da administração do Ka-Be; e termômetros, vidros, reagentes químicos, que saem dos depósitos da fábrica, nos bolsos dos *Häftlinge*, e são aproveitados na enfermaria como material sanitário.

Eu não desejaria pecar por falta de modéstia, mas foi ideia nossa – do Alberto e minha – a de roubar os rolos de papel milimetrado dos termógrafos do Setor Secagem, e de oferecê-los ao Médico-chefe do Ka-Be, com a sugestão de usá-los para os gráficos das pulsações e da temperatura.

Em conclusão: o roubo na fábrica, punido pelas autoridades civis, é autorizado e incentivado pelos SS; o roubo no Campo, severamente reprimido pelos SS, é considerado pelos civis como operação normal de troca; o roubo entre *Häftlinge*, em geral, é punido, mas a punição toca, com igual gravidade, tanto ao ladrão como à vítima. Desejaríamos, agora, convidar o leitor a meditar sobre o significado que podiam ter para nós, dentro do Campo, as velhas palavras "bem" e "mal", "certo" e "errado". Que cada qual julgue, na base do quadro que retratamos e dos exemplos que relatamos, o quanto, de nosso mundo moral comum, poderia subsistir aquém dos arames farpados.

Os submersos e os salvos

Essa, então, é a vida ambígua do Campo. Desse modo brutal, oprimidos até o fundo, viveram muitos homens do nosso tempo; todos, porém, durante um período relativamente curto. Poderíamos, então, perguntar-nos se vale mesmo a pena, se convém que de tal situação humana reste alguma memória.

A essa pergunta, tenho a convicção de poder responder que sim. Estamos convencidos de que nenhuma experiência humana é vazia de conteúdo, de que todas merecem ser analisadas; de que se podem extrair valores fundamentais (ainda que nem sempre positivos) desse mundo particular que estamos descrevendo. Desejaríamos chamar a atenção sobre o fato de que o Campo foi também (e marcadamente) uma notável experiência biológica e social.

Fechem-se entre cercas de arame farpado milhares de indivíduos, diferentes quanto a idade, condição, origem, língua, cultura e hábitos, e ali submetam-nos a uma rotina constante, controlada, idêntica para todos e aquém de todas as necessidades; nenhum pesquisador poderia estabelecer um sistema mais rígido para verificar o que é congênito e o que é adquirido no comportamento do animal-homem frente à luta pela vida.

Não acreditamos na dedução mais óbvia e fácil: de que o homem é essencialmente brutal, egoísta e estulto, como pareceria demonstrar o seu comportamento ao ruir toda a estrutura social, e que portanto o *Häftling* é somente o Homem sem inibições. Preferimos pensar que, quanto a isso, pode-se chegar apenas a uma conclusão: frente à pressão da necessidade e do sofrimento físico, muitos hábitos, muitos instintos sociais são reduzidos ao silêncio.

Há um fato que nos parece notável. Resulta claro que entre os homens existem duas categorias, particularmente bem definidas: a dos que se salvam e a dos que afundam. Outros pares de contrários (os bons e os maus, os sábios e os tolos, os covardes e os valentes, os azarados e os afortunados) são bem menos definidos, parecem menos congênitos e, principalmente, admitem gradações intermediárias mais numerosas e complexas.

Essa divisão é muito menos evidente na vida comum, onde é raro que um homem se perca, porque em geral ele não está sozinho e seu subir ou descer é ligado ao destino de quem está perto dele; é raro que alguém cresça em poder além de todo limite, ou desça, numa derrota continuada, até a extrema ruína. E, ainda, cada qual possui, em geral, reservas tais – espirituais, físicas e também econômicas – que a eventualidade de um naufrágio, de uma incapacidade perante a vida, resulta ainda mais improvável. Acrescente-se ainda certa ação apaziguadora exercida pela lei e pelo sentido moral (que é lei interior); realmente, considera-se tanto mais civilizado um país, quanto mais sábias e eficientes são suas leis que impedem ao miserável ser miserável demais, e ao poderoso ser poderoso demais.

No Campo, porém, acontece o contrário. Aqui a luta pela sobrevivência é sem remissão, porque cada qual está só, desesperadamente, cruelmente só. Se um Null Achtzehn vacila, não encontrará quem lhe dê uma ajuda, e sim quem o derrube de uma vez, porque ninguém tem interesse em que um "muçulmano"* a mais se arraste a cada dia até o trabalho; e se alguém, por um milagre de sobre-humana paciência e astúcia, encontrar um novo jeito para escapar ao trabalho mais pesado, uma nova arte que lhe propicie uns gramas de pão a mais, procurará guardar seu segredo, e por isso será apreciado e respeitado, e disso tirará uma própria, exclusiva, pessoal vantagem; ficará mais forte, e portanto será temido, e quem é temido é, só por isso, candidato à sobrevivência.

Na história e na vida parece-nos, às vezes, vislumbrar uma lei feroz que soa assim: "a quem já tem, será dado; de quem não tem, será tirado". No Campo, onde o homem está sozinho e onde a luta pela vida se reduz ao seu meca-

---

* Com essa palavra, "Muselmann", os veteranos do Campo designavam os fracos, os ineptos, os destinados à "seleção".

nismo primordial, essa lei iníqua vigora abertamente, observada por todos. Com os mais aptos, os mais fortes e astuciosos, até os chefes mantêm contatos, às vezes quase amistosos, porque esperam poder tirar deles, talvez, mais tarde, alguma vantagem. Quanto aos "muçulmanos", porém, aos homens próximos do fim, nem adianta dirigir-lhes a palavra; já se sabe que eles só se queixariam, ou contariam como comiam bem em sua casa. Para que travar amizade com eles? Não têm, no Campo, conhecidos poderosos, não têm rações extras para comer, não trabalham em *Kommandos* favoráveis, desconhecem qualquer maneira secreta para obter vantagem. E, por fim, sabe-se que eles estão aqui de passagem; que, dentro de umas semanas, deles sobrará apenas um punhado de cinzas em outro Campo próximo e, no Registro, um número de matrícula riscado. Embora englobados e arrastados sem descanso pela multidão inumerável de seus semelhantes, eles sofrem e se arrastam numa opaca solidão íntima, e nessa solidão morrem ou desaparecem sem deixar lembrança alguma na memória de ninguém.

Nas estatísticas de entradas e saídas do Campo, poderia ler-se o resultado desse implacável processo de seleção natural. Em Auschwitz, no ano de 1944, dos velhos prisioneiros judeus (dos outros não vamos falar, suas condições eram diferentes), dos *kleine Nummer*, "números pequenos" inferiores ao número 150 mil, sobravam apenas algumas centenas, e *nenhum* deles era um *Häftling* normal, que vegetasse nos *Kommandos* normais e que se contentasse com a ração normal. Restavam apenas os médicos, os alfaiates, os sapateiros, os músicos, os cozinheiros, os homossexuais jovens e atraentes, os amigos ou conterrâneos de alguma pessoa influente do Campo; e, além deles, alguns indivíduos especialmente cruéis, fortes e desumanos, que alcançaram cargo de *Kapo*, de Chefe de Bloco ou outro, por designação dos SS que, nessa escolha, demonstravam possuir um conhecimento satânico dos homens. Sobravam ainda aqueles que, embora sem exercer funções especiais, com a sua astúcia e energia conseguiam sempre "ajeitar as coisas", merecendo não apenas as vantagens materiais e a reputação, mas também a tolerância e consideração dos poderosos do Campo. Quem não souber tornar-se *Organisator, Kombinator, Prominent* (oh, a eloquência cruel desses vocábulos!) acaba, em breve, "muçulmano". Na vida normal, existe um terceiro caminho, aliás, o mais comum. No Campo, não existe.

Sucumbir é mais fácil: basta executar cada ordem recebida, comer apenas a ração, obedecer à disciplina do trabalho e do Campo. Desse modo, a experiência demonstra que não se aguenta quase nunca mais do que três meses. A história – ou melhor, a não história – de todos os "muçulmanos" que vão para o gás, é sempre a mesma: simplesmente, acompanharam a descida até o fim, como os arroios que vão até o mar. Uma vez dentro do

Campo, ou por causa da sua intrínseca incapacidade, ou por azar, ou por um banal acidente qualquer, eles foram esmagados antes de conseguir adaptar-se; ficaram para trás, nem começaram a aprender o alemão e a perceber alguma coisa no emaranhado infernal de leis e proibições, a não ser quando seu corpo já desmoronara e nada mais poderia salvá-los da seleção ou da morte por esgotamento. A sua vida é curta, mas seu número é imenso; são eles, os "muçulmanos", os submersos, são eles a força do Campo: a multidão anônima, continuamente renovada e sempre igual, dos não homens que marcham e se esforçam em silêncio; já se apagou neles a centelha divina, já estão tão vazios, que nem podem realmente sofrer. Hesita-se em chamá-los vivos; hesita-se em chamar "morte" à sua morte, que eles já nem temem, porque estão esgotados demais para poder compreendê-la.

Eles povoam minha memória com sua presença sem rosto, e se eu pudesse concentrar numa imagem todo o mal do nosso tempo, escolheria essa imagem que me é familiar: um homem macilento, cabisbaixo, de ombros curvados, em cujo rosto, em cujo olhar, não se possa ler o menor pensamento.

Se os submersos não têm história, se o caminho da perdição é único e largo, os caminhos da salvação são muitos, difíceis e inimagináveis.

O caminho principal, como já dissemos, é a *Prominenz*. *Prominenten* chama-se os funcionários do Campo, a partir do Diretor-*Häftling* (*Lagerältester*), até os *Kapos*, os cozinheiros, os enfermeiros, os guardas-noturnos, até os garis dos Blocos e os *Scheissminister* e *Bademeister* (encarregados das latrinas e das duchas). São especialmente interessantes os "proeminentes" judeus porque, enquanto os não judeus eram encarregados automaticamente de suas funções ao entrarem no Campo, em vista da sua superioridade natural, os judeus tinham que fazer intrigas e lutar duramente para conseguir essas funções.

Os "proeminentes" judeus constituem um triste e notável fenômeno humano. Convergem neles os sofrimentos presentes, passados e atávicos e a hostilidade ao estrangeiro, assimilada por tradição e educação, para fazerem deles monstros de insociabilidade e insensibilidade.

São o típico produto da estrutura do Campo de Concentração alemão: basta oferecer a alguns indivíduos em estado de escravidão uma situação privilegiada, certo conforto e uma boa probabilidade de sobrevivência, exigindo em troca a traição da natural solidariedade com os companheiros, e haverá por certo quem aceite. Ele será subtraído à lei comum e se tornará intangível; será, então, tanto mais odioso e odiado quanto maior for o poder a ele concedido. Quando lhe for confiado o comando de um grupo de infelizes, com direito de vida e morte sobre eles, será cruel e tirânico, bem sabendo que, se não o for bastante, outro, julgado mais idôneo, tomará seu lugar. Acontecerá, ainda, que a sua capacidade de odiar, frustrada frente aos opressores, se volte, insensatamente, contra os oprimidos; ele ficará satisfeito ao descarregar sobre seus subordinados a ofensa que recebeu de seus chefes.

Compreendemos que tudo isso resulta bem diferente do quadro habitual dos oprimidos que se unem, se não para resistir, ao menos para suportar. Pode ser que aconteça assim quando a opressão não passe de certo limite ou, talvez, quando o mesmo opressor, por inexperiência ou por generosidade, o tolere ou favoreça. Constatamos, porém, que, em nossos dias, em todos os países nos quais um povo estrangeiro fincou pé como invasor, sempre se estabeleceu análoga situação de rivalidade e ódio entre os oprimidos, e isso (como muitos outros fatos humanos) ficou claro no Campo de Concentração, com especial, cruel evidência.

Quanto aos "proeminentes" não judeus, não há muito que falar, embora fossem de longe os mais numerosos (nenhum *Häftling* "ariano" deixava ter um cargo, embora modesto). É natural que fossem broncos e bestiais; basta pensar que em sua maioria eram criminosos comuns, escolhidos nos cárceres alemães justamente para serem aproveitados como superintendentes nos Campos de judeus, e acreditamos que essa escolha fosse bem cuidadosa, porque nos recusamos a pensar que os miseráveis exemplares humanos que vimos em ação representassem uma amostra média, não digamos dos alemães, mas dos presos alemães. Já é mais difícil compreender por que em Auschwitz os "proeminentes políticos" alemães, poloneses e russos rivalizassem, quanto à brutalidade, com os presos comuns. Consta, porém, que a qualificação de crime político aplicava-se, na Alemanha, também a crimes como o tráfico ilegal, as relações ilícitas com mulheres judias, os roubos a funcionários do Partido. Os "verdadeiros" políticos viviam e morriam em outros Campos, de nomes já tristemente famosos, em condições de vida duríssimas (embora diferentes das nossas).

Além dos funcionários, havia uma ampla categoria de prisioneiros que, inicialmente não favorecidos pela sorte, lutavam com as suas próprias forças para sobreviver. Era preciso nadar contra a correnteza, travar batalha a cada dia, a cada hora, contra o cansaço, a fome, o frio e a inércia resultantes disso; resistir aos inimigos e não ter pena dos rivais; aguçar o engenho, fortificar a paciência, acirrar a vontade. Ou, também, sufocar toda dignidade, apagar todo vestígio de consciência, ir à luta, brutos contra brutos, deixar-se guiar pelas insuspeitadas forças ocultas que sustentam as estirpes e os indivíduos nos tempos cruéis. Muitíssimos foram os meios que imaginamos para não morrer: tantos quantos são os temperamentos humanos. Cada um implicava uma luta extenuante de cada um contra todos, e muitos deles uma longa série de aberrações e compromissos. A não ser por grandes golpes de sorte, era praticamente impossível sobreviver sem renunciar a nada de seu próprio mundo moral; isso foi concedido a uns poucos seres superiores, da fibra dos mártires e dos santos.

Contando as histórias de Schepschel, Alfred L., Elias e Henri, tentaremos demonstrar de quantas maneiras pode-se alcançar a salvação.

Schepschel vive no Campo há quatro anos. Viu morrer ao redor de si dezenas de milhares de seus semelhantes, desde o pogrom que o enxotou de sua aldeia na Galícia. Tinha mulher, cinco filhos e um próspero negócio de selas, mas faz já muito tempo que deixou de pensar em si a não ser como num saco que necessita ser enchido periodicamente. Schepschel não é muito robusto, nem muito valente, nem muito mau; nem é particularmente astucioso; nunca conseguiu uma colocação que lhe desse um pouco de folga; só pode recorrer aos jeitinhos esporádicos, às *kombinacjes*, como aqui são chamadas.

De vez em quando, rouba uma vassoura na fábrica e a vende ao encarregado do Bloco; quando consegue juntar um pouco de capital-pão, aluga as ferramentas do sapateiro, conterrâneo dele, e trabalha umas horas por conta própria. Sabe fazer suspensórios com fios elétricos trançados. Sigi me disse que no intervalo do meio-dia já o viu cantar e dançar frente ao Bloco dos operários eslovacos, esperando receber alguma sobra de sopa.

Poderíamos ser levados a pensar em Schepschel com certa indulgente simpatia, como num coitado cujo espírito já abriga apenas uma humilde, elementar vontade de viver, e que sustenta valentemente a sua pequena luta para não sucumbir. Schepschel, porém, não constituía uma exceção: quando a oportunidade chegou, não hesitou em deixar açoitar Moischl (que fora seu cúmplice num roubo na cozinha), na vã esperança de adquirir méritos perante o Chefe do Bloco e de candidatar-se à função de lavador de panelas.

A história do engenheiro Alfred L. prova, entre outras coisas, até que ponto é irreal o mito da igualdade original entre os homens.

L. dirigia, em seu país, uma grande fábrica de produtos químicos; seu nome era (e é) bem conhecido nos ambientes industriais de toda a Europa. Era um homem robusto, de uns 50 anos. Ignoro como foi preso, mas entrou no Campo como todos: nu, sozinho e desconhecido. Quando o conheci, estava bem enfraquecido, mas conservava no rosto os traços de uma energia disciplinada e metódica. Naquela época, seus privilégios limitavam-se à limpeza diária do panelão dos operários poloneses. Esse trabalho, do qual conseguira (não sei como) a exclusividade, rendia-lhe meia gamela de sopa por dia. Não o suficiente, por certo, para saciar-lhe a fome, mas ninguém o ouvira queixar-se. Pelo contrário, as poucas palavras que ele se dignava dizer eram tais que fariam imaginar grandes recursos secretos e uma "organização" sólida e proveitosa.

Sua aparência confirmava isso. L. tinha classe; mãos e rosto sempre bem limpos; a raríssima abnegação de lavar a camisa a cada 15 dias, sem esperar pela troca bimestral (convém lembrar que lavar a camisa significa achar o sabão, achar o tempo, achar o espaço no lavatório apinhado, cuidar atentamente, sem virar os olhos um instante, da camisa molhada e vesti-la, obviamente, ainda molhada, à hora do toque de silêncio quando as luzes se apagam). Possuía tamancos de madeira para ir à ducha, e até sua roupa listrada adaptava-se estranhamente ao seu corpo, limpa e nova. L., enfim, tinha conseguido a aparência toda do "proeminente", muito tempo antes de chegar a sê-lo. Só depois é que eu soube que toda essa ostentação de prosperidade, L. a tinha conquistado com tenacidade incrível, pagando cada compra, cada serviço com o pão da sua própria ração e sujeitando-se, portanto, a uma dieta ainda mais dura.

Seu plano era de longo alcance, o que é tanto mais notável, porque foi concebido num ambiente no qual dominava a mentalidade do provisório. L. realizou esse plano graças a uma rígida disciplina interior, sem piedade por si, nem pelos companheiros que lhe embaraçassem os passos. Bem sabia que ser julgado poderoso é meio caminho andado para se tornar realmente poderoso e que sempre – porém, especialmente no meio do nivelamento geral do Campo – uma aparência digna de respeito é a melhor garantia de ser respeitado. Esforçou-se para não ser misturado com o rebanho; trabalhava com afinco ostensivo, exortando, até, os companheiros preguiçosos, num tom convincente e crítico; evitava a briga diária pelo melhor lugar na fila do rancho, adaptando-se a receber cada vez a primeira ração, sabidamente mais líquida, de modo a ser notado por sua disciplina pelo Chefe do Bloco. E, para rematar seu destaque, em suas relações com os companheiros comportava-se sempre com a maior cortesia, até onde o permitisse o seu absoluto egoísmo.

Quando foi criado (como já vamos dizer) o *Kommando* Químico, L. compreendeu que a sua hora tinha chegado: bastaria sua roupa esmerada e seu rosto magro, sim, mas sempre bem barbeado, no meio do bando de seus colegas sórdidos, desleixados, para convencer de imediato o *Kapo* e a Chefia do Trabalho de que ele era um autêntico "salvado", um "proeminente" em potencial, de modo que (conforme a regra de que "a quem tem, será dado") sem demora foi promovido a "especializado", nomeado chefe técnico do *Kommando* e recrutado pela Direção da fábrica como analista no Laboratório do Setor Estireno. Mais tarde, foi incumbido de examinar os novos candidatos do *Kommando* Químico, julgando a sua capacidade profissional – o que sempre fez com extremo rigor, principalmente ao farejar possíveis concorrentes futuros.

Ignoro a continuação da sua história, mas acho bem provável que ele tenha escapado à morte e que viva, hoje, a sua vida fria de dominador, resoluto e sem alegria.

Elias Lindzin, 141.565, apareceu de repente, ninguém sabe como, no *Kommando* Químico. É um anão, que não passa de um metro e meio; nunca, porém, vi musculatura como a dele. Nu, distingue-se cada músculo trabalhar por baixo da pele, possante e móvel como um animal com vida própria. Aumentado sem alterar suas proporções, seu corpo serviria de modelo para um Hércules, desde que não se olhasse a sua cabeça. Debaixo do couro cabeludo, as suturas cranianas destacam-se grossas. O crânio é maciço, dá a impressão de ser de metal ou pedra; apenas um dedo acima das sobrancelhas nota-se o limite escuro do cabelo raspado. O nariz, o queixo, a fronte, as maçãs do rosto são duros e compactos, a face inteira parece uma cabeça de aríete, uma ferramenta feita para bater. De sua pessoa emana um vigor selvagem.

Ver Elias trabalhando é um espetáculo inquietante; os mestres poloneses, até os alemães detêm-se, às vezes, para apreciá-lo. Parece que, para ele, nada é impossível. Enquanto nós carregamos a muito custo um saco de cimento, Elias leva dois, logo três, quatro, conservando-os em equilíbrio quem sabe como, e, enquanto caminha a passinhos rápidos com suas pernas curtas e fortes, faz caretas debaixo da carga, ri, pragueja, berra e canta sem parar, como se tivesse pulmões de bronze. Elias, apesar das solas de madeira, trepa como macaco pelos andaimes, corre seguro nas vigas suspensas por cima do vazio; leva seis tijolos de uma vez em equilíbrio na cabeça; de um pedaço de chapa sabe fazer uma colher, de um fragmento de aço, uma faca; acha sempre papel, lenha, carvão bem secos e acende uma fogueira num instante, ainda que debaixo de chuva. Sabe trabalhar de alfaiate, de marceneiro, sapateiro, barbeiro; cospe a distâncias incríveis; canta, com razoável voz de baixo, canções polonesas e iídiches que nunca ouvimos antes; pode engolir seis, oito, dez litros de sopa sem vômito nem diarreia e recomeçar imediatamente a trabalhar. Sabe ejetar do meio das costas uma grossa giba e caminha todo torto e contrafeito pelo Bloco, gritando e declamando, incompreensivelmente, no meio da alegria dos "proeminentes" do Campo. Já o vi lutar com um polonês, uma cabeça mais alta do que ele, e derrubá-lo de um só golpe de crânio no estômago, possante e preciso como uma catapulta. Nunca o vi descansando, nunca calado ou quieto, nunca soube que se machucasse ou adoecesse.

 Da sua vida de homem livre, ninguém sabe nada. Por outra parte, imaginar Elias no papel de homem livre exige um grande esforço de fantasia. Fala só polonês e o iídiche mau e corrompido de Varsóvia; não há maneira de induzi-lo a um discurso coerente. Poderia ter 20 ou 40 anos; em geral, diz ter 33 e ter gerado 17 filhos, o que não parece inverossímil. Fala sem parar dos mais variados assuntos, sempre com voz trovejante, com acentos oratórios, com mímica violenta de protesto e como dirigindo-se, sempre, a um público numeroso – e, obviamente, público não lhe falta. Os que entendem a sua linguagem acompanham essas declamações torcendo-se de rir, dão-lhe tapas nas costas, aplaudem entusiasmados, incitam-no a continuar, enquanto ele, feroz e carrancudo, dá voltas como uma fera no meio da roda de ouvintes, encarando ora um, ora outro. De repente, aferra um pelo peito com sua garra, puxa-o irresistivelmente para perto de si, vomita-lhe no rosto uma praga incompreensível, logo o joga longe como uma palhinha e, entre aplausos e risos, os braços erguidos para o céu como um pequeno monstruoso profeta, prossegue em sua fala furiosa e desatinada.

A sua fama de trabalhador extraordinário espalhou-se rapidamente e, conforme a lei absurda do Campo, desde então quase parou de trabalhar. Sua ajuda era solicitada diretamente pelos mestres só para as tarefas que exigissem especial perícia e vigor. Fora esses casos, Elias presidia, insolente e violento, à nossa maçante labuta cotidiana, sumindo frequentemente para misteriosas visitas e aventuras em quem sabe quais cantos da fábrica, de onde voltava com os bolsos salientes e, amiúde, de barriga visivelmente cheia.

Elias é ladrão, natural e inocentemente, com a astúcia instintiva dos animais. Nunca é apanhado, porque só rouba se aparecer uma oportunidade segura, mas, cada vez que essa oportunidade aparece, Elias rouba, fatal e previsivelmente, assim como uma pedra solta cai. Aliás, de nada serviria castigá-lo pelos roubos: são, para ele, um ato vital como respirar e dormir.

Poderíamos nos perguntar: quem é esse homem? Um louco, incompreensível e extra-humano, que veio parar no Campo? Ou algo atávico, fora do nosso mundo atual, e mais apto às primordiais condições de vida no Campo? Ou, pelo contrário, um produto do Campo: o que todos nós acabaremos sendo, se não morrermos aqui, se o Campo não acabar antes de nós?

As três hipóteses têm algo verossímil. Elias sobreviveu à destruição externa, porque é fisicamente indestrutível; resistiu à aniquilação interna porque é demente. Ele é, portanto, um sobrevivente: o mais apto, o espécime humano mais adequado a esta maneira de viver.

Se Elias recuperar a liberdade, acabará confinado à margem do convívio humano, num cárcere ou num hospício. Aqui, porém, no Campo, não há criminosos nem loucos: não criminosos, porque não existe uma lei moral a ser violada; não loucos, porque somos programados;

cada ação nossa é, neste tempo e neste lugar, claramente a única possível.

No Campo, Elias prospera e triunfa. É bom trabalhador, sempre sabe dar um jeito, e por essas duas razões fica livre das seleções, respeitado pelos chefes e os companheiros. Para quem não disponha de sólidos recursos interiores, para quem não saiba tirar da consciência de si a força necessária para ancorar-se à vida, só há um caminho para a salvação, o de Elias: o da loucura e da bestialidade traiçoeira. Os outros são caminhos sem saída.

Dito isso, alguém poderia querer tirar conclusões, ou até normas, quanto à nossa vida diária. Não existem, ao redor de nós, vários Elias, mais ou menos realizados? Não vemos continuar vivendo seres ignorantes de metas, fechados a qualquer forma de autocontrole e consciência? E eles não vivem *apesar* dessas lacunas, mas justamente (como Elias) em função delas.

A questão é séria, mas vamos parar por aqui. Nossas histórias são histórias do Campo de Concentração; já se escreveu muito quanto ao homem fora do Campo. Desejaríamos acrescentar só uma coisa: Elias, até onde nos foi possível julgar e até onde a frase possa ter um significado, era, provavelmente, um homem feliz.

Henri, pelo contrário, é eminentemente civilizado e consciente e possui uma teoria completa e orgânica quanto às maneiras de sobreviver no Campo. Tem só 22 anos, é extremamente inteligente, fala francês, alemão, inglês e russo, possui ampla cultura científica e clássica.

O irmão dele morreu na fábrica no último inverno. Desde então, Henri cortou todo laço afetivo; fechou-se em si mesmo como dentro de uma couraça e luta pela vida sem se descuidar, com todos os recursos que tira de sua inteligência pronta e de sua educação refinada. De acordo com a teoria de Henri, para fugir à destruição existem três métodos que o homem pode aplicar continuando digno do nome de homem: o "jeito", a compaixão, o roubo.

Ele aplica os três. Ninguém tem melhores estratégias para aliciar ("cultivar" é a sua expressão) os prisioneiros ingleses. Em suas mãos, eles se tornam verdadeiras galinhas de ovos de ouro; basta pensar que, com a troca de um único cigarro inglês, no Campo se tira o suficiente para saciar a fome de um dia. Numa ocasião, Henri foi visto comendo um autêntico ovo cozido.

O tráfico de mercadoria de origem inglesa é monopólio de Henri – e até aqui, trata-se de "jeito", mas seu instrumento de penetração, junto aos ingleses e aos demais, é a piedade. Henri tem o corpo e o rosto delicados e um tanto perversos do São Sebastião pintado por Sodoma: seus olhos são negros e profundos, ainda não tem barba, move-se com lânguida, natural elegância (embora, se for o caso, saiba correr e pular como um gato, e a capacidade de seu estômago seja inferior apenas à de Elias).

Desses seus dotes naturais Henri está bem consciente e os aproveita com a fria habilidade de quem manobra um instrumento científico. Os resultados são surpreendentes. Trata-se, substancialmente, de um descobrimento: Henri descobriu que a compaixão, sentimento primário e irrefletido, floresce muito bem (desde que transmitida habilmente) justamente nas almas primitivas dos brutos que nos comandam, os mesmos que não têm o menor escrúpulo em derrubar-nos a socos sem razão e a pisar em cima de nós uma vez derrubados. Henri não deixou de perceber o alcance prático do descobrimento, no qual inseriu a sua indústria pessoal.

Assim como certos marimbondos paralisam as gordas lagartas peludas, fincando-lhes o esporão no único gânglio vulnerável, de um só golpe de vista, Henri avalia o sujeito, *son type*, fala-lhe brevemente – a cada qual com a linguagem apropriada – e o *type* é conquistado: escuta com crescente simpatia, comove-se com a sorte do jovem desventurado, e não é preciso muito tempo para que comece a produzir.

Não existe alma tão empedernida que Henri não consiga enternecer quando se empenha nisso. No Campo, e na fábrica também, seus protetores são numerosos: soldados ingleses, trabalhadores externos franceses, poloneses, ucranianos; "políticos" alemães; ao menos quatro Chefes de Blocos, um cozinheiro, até um SS. Seu ambiente preferido, porém, é a enfermaria: no Ka-Be, Henri tem entrada franca; o Dr. Citron e o Dr. Weiss são, mais que protetores, amigos que o recebem quando quer e com o diagnóstico que ele quiser. Isso acontece especialmente em vista de "seleções" e nos períodos de trabalho mais duro. Ele diz: vou tirar minhas férias de inverno.

Já que Henri dispõe de tão importantes amigos, raramente precisa recorrer ao terceiro caminho, o do roubo; por outro lado, compreende-se que, quanto a esse aspecto, ele prefira ficar de bico calado.

Conversar com Henri nas horas de folga é bem agradável. E útil também: não há nada no Campo que ele não conheça e sobre o que não tenha raciocinado com sua maneira objetiva e coerente. Das suas conquistas fala com polida modéstia, como de presas de pouca importância, mas de boa vontade demora-se em expor o cálculo que o levou a abordar Hans perguntando pelo filho dele, soldado no *front,* e Otto, mostrando-lhe as cicatrizes que tem nas canelas.

Falar com Henri é útil e agradável. Acontece também, algumas vezes, que a gente o sinta cálido e próximo; que pareça possível um contato, um afeto talvez; chegamos a imaginar ter percebido o fundo humano, doloroso, consciente da sua personalidade fora do comum. No instante seguinte, porém, seu sorriso triste transforma-se numa careta fria que parece ter sido construída na frente do espelho; Henri pede licença, gentilmente *(j'ai quelque chose à faire... j'ai quelqu'un à voir* – tenho algo a fazer... tenho que ver alguém), e lá vai de novo, só pensando na sua caçada, na sua luta; duro e distante, fechado em sua carapaça, inimigo de todos, desumanamente astucioso e incompreensível como a Serpente da Gênese.

De todos os colóquios com Henri, até dos mais cordiais, sempre saí com um leve sabor de derrota; com a vaga suspeita de ter sido, eu também, de alguma maneira inadvertida, não um homem em sua frente, mas um instrumento em suas mãos.

Sei, hoje, que Henri está vivo. Pagaria para saber como é a sua vida de homem livre, mas não desejo tornar a vê-lo.

Prova de Química

O *Kommando 98*, dito *Kommando* Químico, deveria ser um setor de especialistas.

No dia em que foi anunciada oficialmente a sua criação, um grupinho de quinze *Häftlinge* reuniu-se ao redor do novo *Kapo*, na Praça da Chamada, no alvorecer cinzento.

Primeira decepção: esse *Kapo* era ainda um "triângulo verde", um criminoso profissional; a Chefia do Trabalho não julgara necessário que o *Kapo* do *Kommando* Químico fosse um químico. Inútil gastar palavras em perguntas; não responderia, ou responderia aos berros e pontapés. Pelo menos, era meio baixo e não muito robusto.

Fez um breve discurso num desbocado alemão de caserna; a decepção confirmou-se. Seriam esses os químicos? Muito bem, ele era o Alex, e se eles pensavam ter entrado no paraíso, estavam muito enganados. Em primeiro lugar, o *Kommando 98*, até o dia em que começasse a produção, seria apenas um *Kommando-Transporte* qualquer, ligado ao Depósito do Cloreto de Magnésio. E depois, se eles imaginavam por serem *Inteligenten*, intelectuais, poder tapear Alex, um *Reichsdeutscher* (ariano alemão), bem, *Herrgottsacrament*, ele iria lhes mostrar... (e, com o punho fechado, apontando com o dedo, cortava o ar nesse gesto de ameaça dos alemães); e, por fim, se alguém se apresentou como químico sem ser químico, que nem sonhe em lográ-lo. Para os próximos dias estava marcada uma prova, sim senhores, uma prova de Química, na frente do triunvirato do Setor Polimerização: o *Doktor* Hagen, o *Doktor* Probst, o *Doktor Ingenieur* Pannwitz.

E basta. Já se perdeu tempo demais, *meine Herren*; os *Kommandos 96* e *97* já se tinham encaminhado, ordinário, marche, e, para começar, quem não marchasse direito e em forma teria que se ver com ele.

Era um *Kapo* como todos os demais *Kapos*.

Saindo do Campo, frente à banda de música e ao posto de contagem dos SS, marchamos em linhas de cinco, com o boné na mão, os braços imóveis ao longo do corpo, o pescoço rígido. Proibido falar. Logo nos dispomos em linhas de três e então pode-se tentar trocar algumas palavras, no meio do tropel de 10 mil pares de tamancos.

Quem são esses companheiros químicos? Ao meu lado caminha Alberto, é estudante de terceiro ano, também desta vez conseguimos ficar juntos. O terceiro à minha esquerda, nunca o tinha visto, parece bem jovem, é branco como cera, leva o número dos holandeses. Também são novas para mim as costas dos três que me precedem. Atrás... é arriscado olhar para trás, pode-se errar o passo ou tropeçar; tento, porém, um instante, e vejo o rosto de Iss Clausner.

Enquanto a gente marcha, não há tempo para pensar, deve-se cuidar de não arrancar os tamancos de quem manca na nossa frente e de não deixar que arranque os nossos quem manca atrás de nós; de vez em quando há um fio a transpor, uma poça oleosa a evitar. Sei onde estamos, já passei por aqui com o meu *Kommando* anterior, é a H. Strasse, a Rua H, a dos depósitos. Digo isso ao Alberto: vamos mesmo ao Cloreto de Magnésio, não foi mentira.

Chegamos, descemos num grande porão úmido e cheio de correntes de ar; é a sede do *Kommando*, aqui chamam-na Bude. O *Kapo* nos reparte em três equipes: quatro homens para descarregar os sacos do vagão, sete para transportá-los, quatro a empilhá-los no depósito. Estes somos eu, Alberto, Iss e o holandês.

Enfim, podemos falar. A cada um de nós, as palavras de Alex parecem o sonho de um louco.

Com estas nossas caras chupadas, com estes crânios raspados, com esta roupa que nos envergonha, prestar um exame de Química? É claro, em alemão. E teremos que nos apresentar a algum loiro ariano *Doktor*, esperando não precisar assoar o nariz, porque talvez ele nem saiba que não possuímos lenço, e não teremos licença de explicar-lhe isso. E teremos ainda, dentro de nós, a fome, nossa velha companheira, e custaremos a ficar firmes sem dobrar os joelhos, e ele por certo perceberá o nosso cheiro, ao qual já estamos acostumados, mas que tanto nos incomodava nos primeiros dias: o cheiro das couves e dos nabos crus, cozidos e digeridos.

Assim é, confirma Clausner. Será que os alemães têm tanta necessidade de químicos? Ou é apenas um truque a mais, um novo mecanismo *pour faire chier les Juifs*, para encher o saco dos judeus? Como não se apercebem do esforço grotesco, absurdo que exigem de nós, de nós, já não vivos, nós, meio dementes na esquálida espera do nada?

Clausner me mostra o fundo da sua gamela. Lá onde os outros gravam seu número, onde Alberto e eu gravamos o nosso nome. Clausner escreveu: *Ne pas chercher à comprendre*, não tentar compreender.

Bem sabemos que vamos acabar "em seleção", em gás, embora a gente quase não pense nisso, a não ser umas poucas vezes por dia e, ainda assim, de uma estranha maneira distante, como se não se tratasse de nós. Bem sei que não sou do estofo dos que aguentam, sou civilizado demais, ainda penso demais, esgoto-me trabalhando. Agora sei também que vou me salvar se me tornar Especialista, e que me tornarei Especialista só se passar na prova de Química.

Hoje – neste hoje verdadeiro, enquanto estou sentado frente a uma mesa, escrevendo –, hoje eu mesmo não estou certo de que esses fatos tenham realmente acontecido.

* * *

Passaram três dias, três dias como sempre, dias que não deixavam lembranças, tão longos enquanto passavam, tão breves depois que tinham passado e já estávamos cansados de acreditar na prova de Química.

O *Kommando* reduzira-se a 12 homens; três tinham sumido do jeito de sempre – talvez no Bloco ao lado, talvez apagados do mundo. Dos 12, cinco não eram químicos, e pediram logo a Alex para voltar a seus *Kommandos* anteriores. Não evitaram a surra, porém, inesperadamente, e quem sabe por qual autoridade, foi resolvido que ficassem, agregados como auxiliares ao *Kommando* Químico.

Alex veio ao porão do Clormagnésio; chamou a nós sete para irmos à prova. E nós, como sete pintinhos desajeitados atrás da galinha, seguimos Alex pela escadinha do *Polymerisations-Büro*.

Estamos no patamar. Uma plaquinha na porta, com os três nomes famosos. Alex bate respeitosamente, tira o boné, entra; ouve-se uma voz pacata; Alex sai: – *Ruhe, jetzt. Warten.* – Esperar em silêncio.

Estamos contentes com isso. Quando a gente espera, o tempo desliza de mansinho sem que se deva interferir para chutá-lo para a frente, enquanto, se a gente trabalha, cada minuto passa penosamente através de nós e deve ser expulso com esforço. Ficamos sempre contentes ao esperar, somos capazes de esperar horas e horas, com a absoluta, obtusa, inércia da aranha numa velha teia.

Alex está nervoso, caminha para cá e para lá e nós, a cada vez, nos afastamos para dar-lhe lugar. Nós também estamos inquietos, cada um a seu modo; só Mendi não está. Mendi é rabino, da Rússia Subcarpática, desse emaranhado de povos onde cada qual fala ao menos três línguas, e Mendi fala sete. Sabe muitíssimas coisas; além de rabino é sionista militante, glotólogo, foi guerrilheiro, é bacharel em Direito; não é químico, mas quer tentar assim mesmo, é um pequeno homem obstinado, sagaz e valente.

Balla possui um lápis e todos o rodeamos. Não estamos seguros se ainda conseguiremos escrever, gostaríamos de experimentar.

Kohlenwasserstoffe, Massenwirkungsgesetz (Hidrocarbonetos, Lei de Ação de Massa) – vêm à tona os nomes alemães dos compostos e das leis químicas; sou grato ao meu cérebro, descuidei bastante dele, mas ainda me serve bem.

Alex chega. Eu sou um químico; que tenho a ver com ele? Planta-se na minha frente, ajeita rudemente a gola do meu casaco, tira-me o boné, recoloca-o, logo dá um passo atrás, observa o resultado com ar de desgosto, vira-me as costas resmungando: – *Was für ein Muselmann Zugang!* (Olhem quem está aí! Um "muçulmano"!)

Abre-se a porta. Os três doutores decidiram examinar, na parte da manhã, seis candidatos. O sétimo, não. O sétimo sou eu: tenho o número de matrícula mais alto, devo voltar ao trabalho. Só à tarde Alex vem me buscar; que azar, nem poderei falar com os outros para saber "que perguntas fazem".

Desta vez, é a hora. Subindo a escadaria, Alex olha carrancudo para mim, sente-se de alguma maneira responsável por minha aparência mesquinha. Ele me quer mal porque sou italiano, judeu e porque, entre todos, sou o que mais se afasta de seu militaresco modelo viril. Analogamente, embora sem saber nada de Química e orgulhando-se de não saber nada, ostenta profunda desconfiança quanto às minhas chances de ser aprovado.

Entramos. Só está o *Doktor* Pannwitz. Alex, de boné na mão, segreda-lhe: – Um italiano, no Campo há três meses apenas, porém já meio *kaputt* (acabado)... Diz ser químico, mas...

Em breve, Alex é dispensado e confinado a um canto; sinto-me como Édipo na frente da Esfinge. Minhas ideias são claras, me dou conta de que o jogo é sério, mas experimento um impulso maluco de sumir, de evitar a prova.

Pannwitz é alto, magro, loiro; tem olhos, cabelos, nariz como todos os alemães hão de tê-los, e está sentado, formidável, atrás de uma escrivaninha cheia de papéis. Eu, *Häftling* 174.517, estou de pé em seu escritório, que é realmente um escritório, reluzente, limpo, bem-arrumado; tenho a sensação de que, se tocasse em qualquer coisa, deixaria uma marca de sujeira.

O Dr. Pannwitz termina de escrever e olha para mim.

Desde aquele dia, pensei no *Doktor* Pannwitz muitas vezes e de muitas maneiras. Eu me perguntava qual seria sua íntima substância de homem; como preencheria seu tempo, fora a polimerização e a consciência indo-germânica; principalmente, quando tornei a ser um homem livre, desejei encontrá-lo outra vez, não por vingança, só por uma curiosidade minha quanto à alma humana.

Porque esse olhar não foi cruzado entre dois homens. Se eu soubesse explicar a fundo a natureza desse olhar, trocado como através do vidro de um aquário entre dois seres que habitam dois meios diferentes, conseguiria explicar a essência da grande loucura do Terceiro Reich.

Deu para perceber, naquele instante e imediatamente, o que todos nós pensávamos e dizíamos dos alemães. O cérebro que dirigia esses olhos azuis, essas mãos bem cuidadas, dizia: "Esse algo que está na minha frente pertence a um gênero que, obviamente, convém eliminar. Neste caso específico, deve-se, antes, examinar se ele não contém ainda algum elemento aproveitável." E na minha cabeça, como sementes num porongo vazio: "Os olhos azuis e o cabelo loiro são, essencialmente, maus. Nenhuma possibilidade de comunicação. Sou especializado em Química Mineral. Sou especializado em sínteses orgânicas. Sou especializado..."

E o interrogatório começa. Em seu canto boceja e resmunga Alex, terceiro espécime zoológico.

– *Wo sind Sie geboren?* (Onde o senhor nasceu?) Ele me trata de *Sie,* de "senhor": o *Doktor Ingenieur* Pannwitz não tem senso de humor. Maldito seja, ele não faz o menor esforço para falar um alemão mais compreensível.

– Eu me formei em Turim em 1941, *summa cum laude* – e, ao dizer isso, tenho a clara sensação de que ele não vai acreditar. Realmente, nem eu estou acreditando. Basta olhar minhas mãos sujas e lanhadas, minhas calças de prisioneiro, incrustadas de barro. Sou eu, porém, eu, o bacharel de Turim, aliás, principalmente neste instante, não há dúvida quanto à minha identificação com ele, já que o reservatório das minhas lembranças de Química Orgânica, apesar de longa inatividade, inesperadamente atende dócil ao pedido. E, ainda, bem reconheço esta lúcida exaltação que me aquece as veias: é a febre das provas, *minha* febre das *minhas* provas, essa espontânea mobilização de todos os recursos lógicos e de todas as noções, que os companheiros de escola invejavam.

A prova vai indo bem. Na medida em que me dou conta disso, parece-me crescer em tamanho. Agora ele me pergunta qual foi o argumento da minha tese. Devo fazer um esforço violento para despertar estas sequências de lembranças tão profundamente longínquas: é como se procurasse recordar os acontecimentos de uma encarnação anterior.

Algo me protege. Minhas pobres velhas "medidas de constantes dielétricas" interessam particularmente a este loiro ariano de sólida existência; pergunta-me se falo inglês, mostra-me o livro de Gattermann – e isso também é absurdo, inverossímil, que aqui, aquém da cerca de arame farpado, existe um livro de Gattermann absolutamente idêntico ao livro no qual eu estudava na Itália, no quarto ano da faculdade, em minha casa.

Acabou-se. A exaltação que me sustentou ao longo de toda a prova afrouxa de repente; olho apatetado e silencioso essa mão de pele rosada que, em signos incompreensíveis, escreve minha sorte na página branca.

– *Los, ab!* Vamos! – Alex volta à cena, estou novamente sob sua jurisdição. Ele bate os calcanhares fazendo rígida continência. Pannwitz responde apenas com um leve aceno de pálpebras. Vacilo um instante, à procura de uma fórmula correta de despedida; em vão. Em alemão sei dizer comer, trabalhar, roubar, morrer; também sei dizer ácido sulfúrico, pressão atmosférica, gerador de ondas curtas, mas não sei como despedir-me de uma pessoa respeitável.

A escada. Alex desce voando: tem sapatos de couro porque não é judeu, tem pés leves como os diabos de Malebolge. Vira-se, lá embaixo, olhando torto para mim, enquanto desço, desajeitado e barulhento, em meus enormes tamancos desemparelhados, segurando-me no corrimão como um velho.

Parece que fui bem, mas seria loucura contar com isso. Já conheço bastante o Campo para saber que nunca se podem fazer previsões, principalmente se otimistas. O que é certo é que passei um dia sem trabalhar, portanto esta noite terei menos fome – e esta é uma vantagem concreta, assegurada.

Para voltar à fábrica, temos que passar por um trecho cheio de vigas e armações metálicas amontoadas. O cabo de aço de um cabrestante corta o caminho, Alex se agarra nele para passar por cima. *Donnerwetter,* com os diabos, olha a sua mão preta de graxa pegajosa. Quando chego ao seu lado, Alex, sem ódio nem escárnio, esfrega em meu ombro a mão, a palma e o dorso, para limpá-la. Ficaria surpreso, o inocente bruto Alex, ao saber que é por esse ato que hoje eu o julgo – ele, e Pannwitz e todos os que foram como eles, grandes e pequenos, em Auschwitz e em toda parte.

O canto de Ulisses

Éramos seis, raspando e pintando o interior de uma cisterna enterrada no chão; a luz do dia chegava até nós só através da portinhola. Era um trabalho de luxo, ninguém nos controlava; só que estava frio, úmido; o pó da ferrugem irritava as nossas pálpebras e nos empostava a boca e a garganta num gosto como de sangue.

Oscilou a escada de corda que pendia da portinhola: alguém vinha. Deutsch apagou o cigarro, Goldner acordou Sivadjan; todos recomeçamos a raspar energicamente a sonora parede de chapa.

Não era o capataz, era apenas Jean, o Pikolo do nosso *Kommando*. Jean era um estudante alsaciano; apesar de seus 24 anos, era o mais jovem *Häftling* do *Kommando* Químico. Tocara a ele, portanto, a função de Pikolo: de mandalete-escriturário, encarregado de limpar o barraco, entregar as ferramentas, lavar as gamelas, ter a contabilidade das horas de trabalho no *Kommando*.

Jean falava corretamente francês e alemão. Ao reconhecermos seus sapatos no degrau mais alto da escadinha, paramos todos de raspar.

– *Also, Pikolo, was gibt es Neues?* (E então, Pikolo, que há de novo?)

– *Qu'est-ce qu'il y a comme soupe aujourd'hui?* (Que sopa tem hoje?)

– ... qual é o humor do *Kapo*? E o negócio das 25 chicotadas em Stern? Como está o tempo lá fora? Leu o jornal? Que cheiro há na cozinha dos trabalhadores externos? Que horas são?

Jean era benquisto no *Kommando*. O cargo de Pikolo constitui um degrau elevado na hierarquia dos "proeminentes"; o Pikolo (que em geral não passa de 17 anos) está isento do trabalho braçal, tem livre acesso ao fundo do panelão do rancho, pode ficar o dia todo perto da estufa; portanto tem direito a meia ração suplementar, boas chances de tornar-se amigo e confidente do *Kapo*, do qual recebe oficialmente as roupas e os sapatos velhos. Bem, Jean era um Pikolo excepcional. Era astucioso, robusto e, ao mesmo tempo, manso, amigável; embora levando, tenaz e valente, a sua secreta luta individual contra o Campo e a morte, não deixava de entreter relações humanas com os companheiros menos afortunados; por outro lado, fora tão hábil e perseverante que conquistara a confiança de Alex, o *Kapo*.

Alex cumprira todas as suas promessas. Mostrara-se um bruto violento e traiçoeiro, encouraçado de sólida e compacta ignorância e estupidez, a não ser quanto ao seu faro e à sua técnica de algoz experimentado.

Aproveitava cada ocasião para se proclamar orgulhoso de seu sangue alemão e de seu triângulo verde; exibia um arrogante desprezo para com seus químicos esfarrapados e famintos: – *Ihr Doktoren! Ihr Intelligenten!* (Vocês doutores! Vocês inteligentes!) – debochava cada dia, ao ver-nos nos atropelando, estendendo as gamelas, na hora do rancho. Com os mestres externos era extremamente condescendente e servil; com os SS mantinha relações de cordial amizade.

Ficava claramente acanhado diante do Registro do *Kommando* e da relação diária dos trabalhos executados; foi este o caminho que Pikolo encontrou para se tornar necessário. Um caminho demorado, cauteloso e sutil, que o *Kommando* inteiro acompanhou ansiosamente durante um mês; por fim, a resistência do ouriço foi vencida e Pikolo confirmado em seu cargo, com alívio de todos os interessados.

Embora Jean não abusasse de sua posição, já tínhamos constatado que uma palavra dele, pronunciada na entonação e no momento certos, podia valer muito; ele já conseguira salvar alguns de nós do chicote ou da denúncia aos SS. Fazia uma semana que Jean e eu nos tornáramos amigos: tínhamos descoberto essa amizade na ocasião excepcional de um alarme aéreo; logo, porém, apanhados pelo ritmo feroz do Campo, só tínhamos trocado algum aceno apressado, no banheiro ou no lavatório.

* * *

Segurando-se com uma das mãos na escada oscilante, ele apontou para mim: – *Aujourd'hui c'est Primo qui viendra avec moi chercher la soupe* (Hoje é Primo quem vai comigo buscar a sopa).

Até o dia anterior tocara a Stern, o transilvano vesgo, mas ele caiu em desgraça por não sei que história de vassouras roubadas no galpão, e Pikolo conseguira apoiar minha candidatura como ajudante no *Essenholen*, na função diária do rancho.

Subiu de volta; eu fui atrás dele, piscando os olhos na claridade do dia. O ar era tépido, o sol levantava da terra gorda um leve cheiro de tinta e de breu que me lembrava a praia e os barcos dos verões da minha infância. Pikolo me alcançou uma das alças do panelão e nos encaminhamos sob um claro céu de junho.

Fiz menção de agradecer; ele me interrompeu, não havia necessidade. Viam-se os Cárpatos nevados. Respirei o ar fresco, sentia-me estranhamente leve.

– *Tu es fou de marcher si vite. On a le temps, tu sais* (Estás louco ao andar com essa pressa. Temos tempo). O rancho situava-se a um quilômetro de distância; logo, devia-se retornar com o panelão de 50 quilos seguro nas alças. Um trabalho um tanto cansativo, mas que incluía uma caminhada agradável na ida, sem levar carga, e a ocasião sempre desejada de se aproximar das cozinhas.

Encurtamos o passo. Pikolo, esperto, escolhera o trajeto de maneira a darmos uma larga volta, caminhando ao menos uma hora, sem despertar suspeitas. Falávamos de nossas casas, de Estrasburgo e de Turim, de nossas leituras, de nossos estudos. De nossas mães: como são parecidas todas as mães! Também a mãe dele repreendia-o por não saber nunca quanto dinheiro levava no bolso; também a mãe dele ficaria atônita se pudesse saber que seu filho conseguira se safar; que dia após dia ainda se safava.

Passa um SS de bicicleta. É Rudi, o Chefe de Setor. Alto, continência, tirar o boné. – *Sale brute, celui-là. Ein ganz gemeiner Hund* (Sujo bruto, esse. Cachorro vagabundo).

– Para ti é indiferente falar francês ou alemão? – É. – Jean pode pensar em qualquer das duas línguas. Esteve um mês na Ligúria, gostou, gostaria de aprender italiano. Eu bem poderia lhe ensinar. Quer? Por que não? Vamos começar agora mesmo, qualquer coisa serve, o importante é não perder tempo, não desperdiçarmos esta hora.

Passa Limentani, o romano, arrastando os pés, com uma gamela escondida por baixo do casaco. Pikolo cuida, pega alguma palavra do nosso diálogo, repete-a rindo: – *Zup-pa, cam-po, ac-qua.*

Passa Frankel, o espião. Vamos apressar o passo, nunca se sabe. Esse faz o mal só por fazer.

* * *

... O canto de Ulisses. Quem sabe como e por que veio-me à memória, mas não temos tempo para escolher, esta hora já não é mais uma hora. Se Jean é inteligente, vai compreender. Vai: hoje sinto-me capaz disso.

Quem é Dante? Que é a Divina Comédia? Que sensação estranha, nova, a gente experimenta ao tentar esclarecer, em poucas palavras, o que é a Divina Comédia. Como está organizado o Inferno. O que é o "contrapeso", que liga a pena à culpa. Virgílio é a razão. Beatriz, a Teologia.

Jean ouve atento. Eu começo, lento, cuidadoso:

"*Lo maggior corno della fiamma antica*
Cominciò a crollarsi mormorando,
Pur come quella cui vento affatica.
Indi, la cima in qua e in là menando,
Come fosse la lingua che parlasse,
Mise fuori la voce e disse: Quando..."*

Aqui paro e tento traduzir. Um desastre: coitado de Dante e coitado do francês! O ensaio, porém, parece que está dando certo; Jean se admira com a estranha compa-

---

* "Eis que a ponta maior da chama antiga/começou a mover-se, crepitando,/tal a que um vento ríspido castiga. /E de um e outro lado se agitando/um som soprava, como que saído/de seu calor, e que dizia: Quando..." (*Divina Comédia*, XXVI Canto, Dante Alighieri) É o canto em que Ulisses conta como morreu. (N. do T.)

ração da língua com a chama; sugere-me a palavra apropriada para traduzir "antica".

E depois de "quando"? Nada. Um buraco na memória. "Antes que a houvesse Eneias conhecido". Mais um buraco. Vem à tona algum fragmento inaproveitável: "nem a extremada velhice de meu pai, nem mesmo o amor de Penélope ansiosa e apaixonada..." (Será que está certo?)

"... *Ma misi me per l'alto mare aperto*"

Eu me meti pelo alto-mar aberto. Disto, sim, estou bem seguro, posso explicar a Pikolo por que "me meti" não é *je me mis,* é bem mais forte, mais audaz, é como rebentar uma amarra, é nos jogarmos além de uma barreira; conhecemos bem esse impulso. O alto-mar aberto: Pikolo viajou por mar, sabe o que é isso, quando o horizonte se fecha sobre si mesmo, livre, reto, puro, quando só há cheiro de mar: lembranças suaves, cruelmente longínquas.

Chegamos à Central Elétrica, onde trabalha o *Kommando* dos que colocam os cabos. O engenheiro Levi deve estar lá. Está: enxerga-se apenas a sua cabeça, por cima da escavação. Abana para mim. É homem de fibra, nunca o vi abatido, nunca fala em comida.

"Mar aberto". "Mar aberto". Sei que rima com *diserto.* ... *quella compagna – picciola, dalla qual non fui diserto* (junto à pequena e fraternal tripulação – pela qual nunca fui abandonado), mas não lembro se esse verso vem antes, ou depois. E até a viagem, a viagem temerária além das Colunas de Hércules, que pena, tenho que contá-la em prosa: um sacrilégio. Só consegui salvar um verso, mas vale a pena demorar-nos um pouco nele:

Acciò che l'uom più oltre non si metta

para que além o homem não me meta. *Si metta*: precisei entrar no Campo de Concentração para me dar contar de que é a mesma expressão de antes: *e misi me*. Mas não falo disso a Jean, não estou seguro de que se trate de uma observação importante. Quantas coisas mais haveria que dizer, e o sol já está alto, já é quase meio-dia. Estou com pressa, com uma pressa danada.

Cuidado, Pikolo, abre os ouvidos e a mente, eu preciso que compreendas:

"Considerate la vostra semenza:
Fatti non foste a viver come bruti,
ma per seguir virtude e conoscenza."*

É como se eu também ouvisse isso pela primeira vez: como um toque de alvorada, como a voz de Deus. Por um momento, esqueci quem sou e onde estou.

Pikolo me pede para repetir esses versos. Como ele é bom: compreendeu que está me ajudando. Ou talvez seja algo mais: talvez (apesar da tradução pobre e do comentário banal e apressado) tenha recebido a mensagem,

---

* "Relembrai vossa origem, vossa essência;/vós não fostes criados para bichos,/e sim para o valor e a experiência."

percebido que se refere a ele também, refere-se a todos os homens que sofrem e, especialmente, a nós: a nós dois, nós que ousamos discutir sobre estas coisas, enquanto levamos nos ombros as alças do rancho.

"*Li miei compagni fec'io sì acuti...*"
("E tanto os companheiros fiz agudos..."). Esforço-me, em vão, por explicar quantas coisas significa esse "agudos". Novamente uma lacuna, desta vez irreparável.

"*Lo lume era di sotto della luna...*"
("E sobre o mar o resplendor da lua...") – ou algo assim, mas, e antes? Nem ideia, *keine Ahnung,* como se diz aqui. Que me perdoe o Pikolo, esqueci no mínimo quatro estrofes.

– *Ça ne fait rien, vas-y tout de même* (Não faz mal, toca adiante).

"*Quando mi apparve una montagna, bruna*
Per la distanza, e parvemi alta tanto
Che mai veduta non ne avevo alcuna."*

Sim: "tão alta", não "muito alta"; oração consecutiva. E as montanhas, quando a gente as vê ao longe, ó Pikolo, Pikolo, diga alguma coisa, fale, não me deixe pensar nas minhas montanhas, que me apareciam na penumbra do crepúsculo quando eu retornava de trem para casa!

---

* "De repente, a montanha apareceu/cinzenta, na distância; alta, tão alta/como jamais tinha visto alguma."

Basta, vamos adiante com a poesia. Nessas lembranças a gente pode pensar; falar, não. Pikolo espera e olha para mim.

Eu renunciaria à minha ração de sopa para poder ligar *"non ne avevo alcuna"* com os versos finais. Esforço-me por reconstruir essa ligação por meio das rimas, fecho os olhos, mordo os dedos; não serve, o resto é silêncio. Dançam-me pela cabeça outros versos: *"La terra lagrimosa diede vento..."* ("A terra lacrimosa abriu-se em vento...")... não, é outra coisa. É tarde já, é tarde, chegamos à cozinha, vou ter que concluir:

> *"The volte il fe' girar con tutte l'acque;*
> *alla quarta levar la poppa in suso*
> *e la prora ire in giù, come altrui piacque"**

Seguro Pikolo, é absolutamente necessário e urgente que escute, que compreenda o que significa esse *"come altrui piacque"*, antes que seja tarde demais: amanhã, ou ele ou eu poderemos estar mortos ou não nos rever nunca mais, devo falar-lhe, explicar-lhe o que era a Idade Média, esse anacronismo tão humano e necessário e no entanto inesperado, e algo mais, algo grandioso que acabo de ver, agora mesmo, na intuição de um instante,

---

* "Três vezes o girou no torvelinho;/na quarta levantou a popa ao alto/e mergulhou a proa, porque assim quis/uma vontade superior..."

talvez o porquê do nosso destino, do nosso estar aqui, hoje...

Já estamos na fila da sopa, no meio da multidão sórdida e esfarrapada dos carregadores de sopa dos outros *Kommandos*. Os recém-chegados aglomeram-se atrás de nós. – *Kraut und Rüben? – Kraut und Rüben.* – Anuncia-se oficialmente que a sopa, hoje, é de couves e nabos: – *Choux et navets. – Kaposzta és répak.*
   "*Infin che'l mar fu sopra noi richiuso.*" (Até que o mar fechou-se sobre nós.)

Os acontecimentos do verão

Durante toda a primavera tinham chegado trens da Hungria; de cada dois prisioneiros, um era húngaro. O húngaro tornara-se, depois do iídiche, a língua mais falada no Campo.

No mês de agosto de 1944, nós, que havíamos chegado cinco meses antes, já estávamos entre os velhos. Sendo assim, nós do *Kommando 98* não estranhamos que as promessas recebidas e a aprovação na prova de Química tivessem ficado sem consequências. Nem estranhamos nem ficamos especialmente magoados; afinal, tínhamos certo receio de mudanças. "Ao mudar, muda-se para pior" – era um dos lemas do Campo. E, em termos mais gerais, a experiência já nos demonstrara mil vezes a inutilidade de qualquer previsão: para que atormentar-se tentando prever o futuro, se nenhuma ação, nenhuma palavra nossa, poderia alterá-lo em nada? Já éramos velhos *Häftlinge;* nossa sabedoria estava em "não tentar compreender, não imaginar o futuro, não atormentar-se pensando como e quando tudo isso acabaria, não fazer perguntas nem aos outros nem a nós mesmos".

Ainda guardávamos as lembranças de nossa vida anterior, mas veladas e longínquas e, portanto, profundamente suaves e tristes, como são para todos as lembranças da infância e de tudo que já acabou, enquanto o momento de nossa chegada ao Campo marcava para cada um de nós o início de uma diferente sequência de lembranças, recentes e duras, continuamente confirmadas pela experiência presente, como feridas que tornassem a abrir-se a cada dia.

As notícias, ouvidas na fábrica, do desembarque aliado na Normandia, da ofensiva russa e do frustrado atentado a Hitler, suscitaram ondas de esperança, violentas mas fugazes. Cada um de nós sentia, dia após dia, suas forças se acabarem, sua vontade de viver se esvair, a mente se ofuscar. A Rússia e a Normandia ficavam tão longe, e tão perto o inverno, tão concretas a fome e a desolação e tão irreal todo o resto. Parecia impossível que existissem realmente um mundo e um tempo, a não ser nosso mundo de lama e nosso tempo estéril e estagnado, para os quais já não conseguíamos imaginar um fim.

Para os homens vivos, as unidades de tempo sempre têm um valor, tanto maior quanto maiores são os recursos interiores de quem as percorre, mas, para nós, horas, dias, meses fluíam lentos do futuro para o passado, sempre lentos demais, matéria vil e supérflua de que tratávamos de nos livrar depressa. Acabara o tempo no qual os dias seguiam-se ativos, preciosos e irreparáveis; agora o futuro estava à nossa frente cinzento e informe como uma barreira intransponível. Para nós, a história tinha parado.

No mês de agosto de 1944, porém, começaram os bombardeios aéreos na Alta Silésia e continuaram, com pausas e reinícios irregulares, durante todo o verão e o outono, até o desfecho definitivo.

O monstruoso trabalho comum de gestação da fábrica parou de repente e logo descambou numa atividade desarticulada, convulsa e febril. O dia em que deveria começar a produção de borracha sintética, que em agosto parecia iminente, foi repetidamente adiado até que os alemães acabaram não falando mais nisso.

O trabalho construtivo cessou; a força do infinito rebanho de escravos foi dirigida para outro rumo e tornou-se cada vez mais indócil e passivamente hostil. Após cada bombardeio, sempre havia novos estragos para consertar; havia que desmontar e retirar o delicado maquinário que poucos dias antes tínhamos posto a funcionar com tanto trabalho; erguer a toda pressa proteções e abrigos que no teste seguinte já se revelavam risivelmente inconsistentes e vãos.

Acreditáramos que qualquer coisa seria preferível à monotonia dos dias iguais e implacavelmente longos, à pobreza sistemática, ordenada da fábrica em fase de trabalho, mas tivemos de mudar de opinião quando a fábrica começou a desmoronar ao redor de nós, como que atingida por uma maldição na qual nos sentíamos incluídos. Tivemos de suar entre a poeira e os destroços ardentes, tremer como bichos debaixo da raiva dos aviões. À noite, voltávamos ao Campo exaustos, sedentos, nesses longos crepúsculos cheios de vento do verão polonês, e encontrávamos o Campo devastado, nada de água para beber e se lavar, nada de soja para as nossas veias vazias, nada de luz para defender nosso pedaço de pão, um contra a fome do outro, nem para achar, de manhã, os tamancos e a roupa no inferno escuro e ululante do Bloco.

Na fábrica esbravejavam os trabalhadores externos alemães, no furor do homem seguro de si que acorda de um longo sonho de domínio e vê a sua ruína e não consegue compreendê-la. Até os prisioneiros alemães, inclusive os políticos, na hora do perigo tornaram a sentir os laços do sangue e da pátria. O acontecimento novo (a derrota que se aproximava) reduziu a termos elementares o emaranhado de ódios e incompreensões e tornou a dividir os dois campos: os políticos, junto com os triângulos verdes e com os SS, viam, ou acreditavam ver, em cada um de nossos rostos o escárnio da desforra, a alegria má da vingança. Nisso eles se encontravam unidos e a sua ferocidade dobrou.

Alemão nenhum podia esquecer que nós estávamos do outro lado: do lado dos terríveis semeadores de morte que cruzavam os céus alemães como donos, por cima de qualquer barreira, dobravam o ferro vivo de suas obras, levando, cada dia, a matança até dentro das suas casas, das casas nunca antes violadas do povo alemão.

Quanto a nós, estávamos acabados demais para termos verdadeiro medo. Os poucos que ainda sabiam julgar e sentir acertadamente tiraram nova força e esperança dos bombardeios; os que a fome ainda não tinha levado à inércia definitiva aproveitaram, frequentemente, os momentos de pânico para empreender expedições até as cozinhas e os depósitos – expedições duplamente arriscadas, já que, além do perigo direto das bombas, o furto cometido em condições de emergência era punido com a forca. A maioria, porém, aguentou o novo perigo e o novo sofrimento com inalterada indiferença; não se tratava de resignação consciente e sim do torpor opaco dos animais de carga, domados à força de golpes, que já não sentem mais a dor das pancadas.

A nós ficava proibido o acesso aos abrigos blindados. Quando a terra começava a tremer, nos arrastávamos, aturdidos e claudicantes, através da fumaça cáustica da névoa artificial até as áreas sórdidas e agrestes existentes dentro da cerca da fábrica; lá jazíamos inertes, amontoados como mortos; sensíveis, porém, à momentânea delícia do corpo em repouso. Com olhar apagado, observávamos as colunas de fogo e fumaça estourarem ao redor de nós; nas pausas, ainda cheias do leve ronco ameaçador dos aviões que cada europeu conhece bem, escolhíamos, no chão pisoteado, folhinhas de chicória e camomila e as mastigávamos lentamente, em silêncio.

Terminado o alarme, daqui, de lá, retornávamos aos nossos lugares, infinito rebanho mudo acostumado à ira dos homens e das coisas e recomeçávamos esse nosso trabalho de sempre, odiado como sempre e já claramente inútil, sem sentido.

Nesse mundo, cada dia sacudido mais profundamente pelos estremecimentos do fim próximo, entre novos terrores e esperanças e intervalos de escravidão exacerbada, aconteceu-me encontrar Lourenço.

A história da minha ligação com Lourenço é, a um tempo, longa e breve, simples e enigmática; é a história de uma época e de uma situação já canceladas de qualquer realidade atual e portanto creio que não será compreendida a não ser, talvez, como se compreendem as lendas e os tempos mais remotos.

Em termos concretos, essa história restringe-se a bem pouco: um operário italiano me trouxe um pedaço de pão e os restos das suas refeições, cada dia, durante seis meses; deu-me de presente uma camiseta cheia de remendos; escreveu por mim um cartão-postal à Itália e conseguiu resposta. Por tudo isso não pediu nem aceitou compensação alguma, porque ele era simples e bom e não pensava que se deve fazer o bem a fim de receber algo em troca.

Tudo isso pode parecer pouco; não era. O meu episódio não foi o único; como já disse, vários entre nós lidavam com trabalhadores externos e assim conseguiam sobreviver; eram, porém, relações diferentes. Nossos companheiros falavam delas da mesma maneira ambígua e cheia de subentendidos com a qual os homens mundanos falam de suas relações femininas, ou seja, como de aventuras das quais a gente pode se orgulhar e pelas quais deseja ser invejado, mas que, até para as consciências mais indiferentes, ficam no limite do lícito e do honesto, de modo que não seria correto nem conveniente falar disso com excessiva complacência. Do mesmo modo os *Häftlinge* falam de seus protetores e amigos de fora: com evidente reserva, sem nomeá-los para não comprometê-los e, principalmente, para não dar lugar a rivais indesejáveis. Os mais experimentados, os sedutores de profissão como Henri, nem piam; rodeiam seus sucessos com uma aura de ambíguo mistério, limitam-se a acenos, alusões calculadas de modo a suscitar nos ouvintes a lenda vaga e perturbadora de que eles gozam de favores de "externos" extremamente poderosos e liberais. E isso, com uma finalidade específica: a fama de boa sorte (como já dissemos) resulta de utilidade essencial a quem sabe consegui-la.

A fama de sedutor, de "organizado", suscita ao mesmo tempo inveja, escárnio, desprezo e admiração. Quem deixa que o vejam comendo alimentos "organizados", conseguidos por fora, é julgado severamente: isso é grave falta de tato e reserva, além de evidente tolice. Seria igualmente tolo e indiscreto perguntar: – Quem te deu isso? Onde é que o achaste? Como é que te arranjaste? – Só os "números grandes", bobos, inúteis e indefesos, que nada sabem das regras do Campo, podem fazer perguntas dessas, às quais nem se responde, ou se responde: *Verschwinde, Mensch!, Hau'ab, Uciekaj, Schiess' in den Wind, Va chier* – ou seja, com uma das muitíssimas frases sinônimas de "Dê o fora!", das quais é rica a gíria do Campo.

Existe também aquele que se especializa em complexas e pacientes campanhas de espionagem para verificar quem é o trabalhador externo, ou o grupo de trabalhadores externos, ao qual recorre um Fulano, na esperança de tomar o lugar deste. Daí surgem intermináveis controvérsias de prioridade que resultam tanto mais amargas para o perdedor pelo fato de que um "externo" já "trabalhado" resulta em geral mais rentável e principalmente mais seguro do que um "externo" em seu primeiro contato conosco. Ele é um "externo" que vale muito mais, por evidentes razões sentimentais e técnicas; já conhece o essencial da "organização", suas regras e seus riscos, e demonstrou estar em condições de superar a barreira da casta.

... Porque nós, para os de fora, somos os intocáveis. Os trabalhadores externos, mais ou menos claramente e com todos os matizes entre o desprezo e a comiseração, acham que, se fomos condenados a esta nossa vida, se estamos reduzidos a esta condição, deve ser porque temos a mancha de alguma misteriosa, gravíssima, culpa. Eles nos ouvem falando muitas línguas diferentes que não compreendem e que lhes soam grotescas, como gritos de bichos; veem-nos escravizados ignobilmente, sem cabelo, sem honra nem nome, a cada dia espancados, a cada dia mais abjetos, e nunca leem em nosso olhar uma luz de revolta, de paz, ou de fé. Sabem que somos ladrões e indignos de confiança, sujos, esfarrapados, esfomeados, e, trocando o efeito pela causa, julgam-nos merecedores da nossa abjeção. Quem poderia distinguir nossos rostos? Para eles, somos *Kazett*:* substantivo neutro singular.

Obviamente, isso não impede que muitos deles nos joguem, de vez em quando, um pedaço de pão ou nos confiem (após a distribuição da "sopa para trabalhadores externos", na fábrica) as suas gamelas para raspar e devolver limpas. São levados a isso para não continuar sentindo sobre si algum importuno olhar faminto, ou por um momentâneo impulso de humanidade, ou pela simples curiosidade de nos ver disputando um com o outro o naco de comida como bichos, sem pudor, até que o mais forte engula e os demais vão embora frustrados, claudicantes.

---

* *Kazett* vem de *KZ* (*Konzentrations-Zentrum,* Campo de Concentração). (N. do T.)

Bem, entre mim e Lourenço não aconteceu nada disso. Não sei se tem sentido tentar identificar as causas pelas quais a minha vida, só a minha entre milhares de vidas equivalentes, pôde resistir à prova; em todo caso, creio que devo justamente a Lourenço o fato de estar vivo hoje. E não só por sua ajuda material, mas por ter-me ele lembrado constantemente (com a sua presença, com esse seu jeito tão simples e fácil de ser bom) que ainda existia um mundo justo, fora do nosso; algo, alguém, ainda puro e íntegro, não corrupto nem selvagem, alheio ao ódio e ao medo; algo difícil de definir, uma remota possibilidade de bem pela qual valia a pena conservar-se.

Os personagens destas páginas não são homens. A sua humanidade ficou sufocada, ou eles mesmos a sufocaram, sob a ofensa padecida ou infligida a outros. Os SS maus e brutos, os *Kapos*, os políticos, os criminosos, os "proeminentes" grandes e pequenos, até os *Häftlinge* indiscriminados e escravos, todos os degraus da hierarquia insensata determinada pelos alemães estão, paradoxalmente, juntos numa única íntima desolação.

Lourenço, não. Lourenço era um homem; sua humanidade era pura, incontaminada, ele estava fora desse mundo de negação. Graças a Lourenço, não esqueci que eu também era um homem.

Outubro de 1944

Com todas as nossas forças, lutamos para que o inverno não chegasse. Nós nos agarramos a cada hora tépida; a cada crepúsculo, procuramos reter o sol ainda um pouco no céu, mas tudo foi inútil. Ontem o sol se pôs irrevogavelmente num emaranhado de névoa suja, de chaminés, de cabos, e hoje é inverno.

Sabemos o que isso significa, porque estávamos aqui no inverno passado, e os outros vão aprendê-lo depressa. Significa que, no decorrer destes meses, de outubro a abril, de cada dez de nós, sete morrerão. Quem não morrer sofrerá, minuto a minuto, durante cada dia, todos os dias: desde antes da alvorada até a distribuição da sopa, à noite, terá que retesar os músculos, pular de um pé para outro, golpear-se com os braços nas axilas para aguentar o frio. Deverá renunciar ao pão para arranjar luvas e perder horas de sono para consertá-las quando começarem a descoser-se. Já não poderemos comer ao ar livre; teremos que comer no Bloco, de pé, dispondo apenas de um palmo de piso, e está proibido encostar-se nos beliches. Todos terão feridas nas mãos, e para conseguir uma atadura haverá que esperar durante horas, à noite, na neve e no vento.

Assim como nossa fome não é apenas a sensação de quem deixou de almoçar, nossa maneira de termos frio mereceria uma denominação específica. Dizemos "fome", dizemos "cansaço", "medo" e "dor", dizemos "inverno", mas trata-se de outras coisas. Aquelas são palavras livres, criadas, usadas por homens livres que viviam, entre alegrias e tristezas, em suas casas. Se os Campos de Extermínio tivessem durado mais tempo, teria nascido uma nova, áspera linguagem, e ela nos faz falta agora para explicar o que significa labutar o dia inteiro no vento, abaixo de zero, vestindo apenas camisa, cuecas, casaco e calças de brim e tendo dentro de si fraqueza, fome e a consciência da morte que chega.

Do mesmo modo com o qual se vê acabar uma esperança, assim hoje foi o inverno. Soubemos isso ao sairmos do Bloco para os lavatórios: não havia estrelas no céu, o ar escuro e frio cheirava a neve. Na Praça da Chamada, reunidos ao alvorecer para o trabalho, ninguém falou e quando vimos os primeiros flocos de neve pensamos que, se no ano passado, nesta época, alguém nos dissesse que veríamos ainda um inverno no Campo, teríamos ido tocar a cerca eletrificada, e que ainda agora deveríamos ir tocá-la se fôssemos coerentes, a não ser por este insensato, louco, resíduo de esperança inconfessável.

Porque "inverno" significa ainda mais.

Na última primavera os alemães construíram, num descampado, duas enormes barracas. Cada uma delas, durante o verão, abrigou mais de mil homens. Agora as barracas foram desmontadas e dois mil hóspedes a mais abarrotam os nossos alojamentos. Nós, velhos prisioneiros, sabemos que os alemães não gostam dessas falhas e que em breve algo vai acontecer para reduzir nosso número.

Sentimos que as seleções estão chegando. *Selekcja*: a palavra híbrida, latina e polonesa, ouve-se uma, duas, muitas vezes no meio de falas estrangeiras. No começo não se percebe, logo ela chama a nossa atenção; por fim, torna-se pesadelo.

Hoje os poloneses dizem *selekcja*. Os poloneses são os primeiros a saber as novidades e em geral não as espalham, porque saber algo que os demais ainda não sabem pode representar um bom negócio. Quando todos souberem que a seleção é iminente, esse pouco que ainda se pode tentar para cair fora (subornar algum médico ou "proeminente" com pão ou com tabaco; passar do Bloco para a enfermaria ou vice-versa, no momento exato, para evitar os SS) já seria monopólio deles.

Nos dias seguintes, a atmosfera do Campo e da fábrica está impregnada de *selekcja*. Ninguém sabe nada concreto, mas todos falam dela, até os operários livres, poloneses, italianos, franceses que vemos às escondidas durante o trabalho. Não se pode dizer que isso provoque uma onda de desespero. Nosso moral coletivo é inarticulado, baixo demais para ser instável. A luta contra a fome, o frio e o trabalho deixa pouco espaço para os pensamentos, ainda que se trate de pensar nisso. Cada qual reage à sua maneira, mas quase ninguém com as atitudes que pareceriam mais razoáveis porque realistas: a resignação ou o desespero.

Quem pode dar um jeito, dá, mas poucos podem; evitar a seleção é bem difícil, os alemães executam essas tarefas séria e cuidadosamente.

Quem não pode, procura defender-se de outra maneira. Nas latrinas, nos lavatórios, mostramos um ao outro o peito, as nádegas, as coxas, e os companheiros nos animam: – Fica tranquilo, não vai ser a tua vez,... *du bist kein Muselmann...* (você não é um "muçulmano"), mas eu... – e por sua vez baixam as calças, levantam a camisa.

Ninguém nega aos outros essa esmola; ninguém está tão seguro da sua própria sorte que possa animar-se a condenar os demais. Eu também menti descaradamente ao velho Wertheimer; disse-lhe que, se o interrogassem, respondesse ter 45 anos e que não deixasse de se barbear na noite anterior, ainda que isso lhe custasse um quarto de ração de pão; e, de resto, para que ter medo? Não é certo que se trata de uma seleção para o gás; ele não ouviu do Chefe do Bloco que os escolhidos irão a Jaworszno, o Campo de convalescença? É absurdo que Wertheimer possa ter esperanças; aparenta 60 anos, tem enormes varizes, já quase nem se dá conta da fome. Mas ele vai dormir tranquilo e confiante e, se alguém pergunta, responde com as minhas palavras; são as palavras de ordem do Campo nestes dias. Eu mesmo as repeti como, mais ou menos, as ouvi de Chaim, que está no Campo há três anos, é forte, robusto e portanto admiravelmente seguro de si – e acreditei.

Confiando nessa base tão frágil, eu também passei pela grande seleção de outubro de 1944, com inconcebível tranquilidade. Estava tranquilo porque conseguira mentir a mim mesmo o suficiente. O fato de eu não ter sido escolhido deve-se, principalmente, à casualidade, longe de demonstrar que minha confiança fosse justificada.

Monsieur Pinkert é também, de antemão, um condenado; basta reparar em seu olhar. Chama-me com um aceno. Em tom confidencial conta que foi informado (não pode me revelar a fonte) que, realmente, desta vez há novidades. A Santa Sé, por intermédio da Cruz Vermelha Internacional... enfim, ele está em condições de me assegurar que, tanto para ele como para mim, qualquer risco é terminantemente excluído. Quando civil ele era, notoriamente, adido à embaixada belga de Varsóvia.

Enfim: estes dias de vigília, ao narrá-los, podem parecer terríveis, além de qualquer tolerância humana. Realmente, de uma maneira ou de outra, transcorreram quase sem diferença dos outros dias.

A disciplina do Campo e da fábrica não relaxa em nada; o trabalho, o frio, a fome bastam para absorver nossa atenção, não deixam espaços.

Hoje é domingo de trabalho, *Arbeitssonntag;* trabalhamos até uma hora da tarde, logo retornamos ao Campo para a ducha, a barba, o controle geral da sarna e dos piolhos, mas na fábrica, misteriosamente, todos nós soubemos que a seleção seria hoje.

A notícia chegou, como sempre, num labirinto de detalhes contraditórios e duvidosos: de manhã houve seleção na enfermaria, a percentagem foi de sete por cento, de 30, de 50 por cento dos doentes. Em Birkenau, a chaminé do Crematório não parou de largar fumaça nos últimos dez dias. Precisa-se fazer lugar para um enorme comboio que vem chegando do gueto de Posen. Os jovens dizem aos jovens que todos os velhos serão escolhidos. Os sãos dizem aos sãos que serão escolhidos apenas os doentes. Serão excluídos os especialistas. Serão excluídos os judeus alemães. Serão excluídos os "números pequenos". Serás escolhido tu. Serei excluído eu.

Como sempre, a partir de uma hora em ponto esvazia-se a fábrica e o cinzento bando interminável desfila, durante duas horas, à frente dos dois postos de controle; como sempre, somos contados uma e outra vez enquanto a orquestra, como sempre, toca sem parar as marchas com as quais devemos sincronizar nossos passos na entrada e na saída.

Parece que tudo corre como habitualmente, a chaminé das cozinhas continua fumegando, já começou a distribuição da sopa. Logo, porém, ouviu-se o sino e compreendemos que a hora chegou.

Porque esse sino toca sempre no raiar do dia, e então é o toque da alvorada; quando toca durante o dia significa *Blocksperre*, ficar dentro dos alojamentos, e isso acontece quando há seleção, para que ninguém se esquive, e quando os selecionados partem para o gás, para que ninguém os veja partindo.

Nosso Chefe de Bloco conhece sua tarefa. Verificou que todos tivessem voltado, trancou a porta, entregou a cada um a ficha indicando matrícula, nome, profissão, idade e nacionalidade, mandou que todos se despissem, conservando apenas os sapatos. Assim, nus e com a ficha na mão, esperaremos que a comissão chegue ao nosso Bloco. É o Bloco 48, mas não se pode prever se a comissão começará pelo Bloco 1 ou pelo 60. De todo modo, teremos uma hora de paz e não há razão para não passá-la aquecidos, debaixo dos cobertores.

Muitos já cochilam, quando uma explosão de ordens, pragas e golpes revela que a comissão vem chegando. O Chefe do Bloco e seus ajudantes, à força de socos e gritos, desde o fundo do dormitório, empurram a multidão nua e assustada, amontoam-na no *Tagesraum,* que é o escritório do Bloco, uma peça de sete metros por quatro. No fim da caçada, dentro do *Tagesraum* está comprimida uma humanidade quente e compacta que preenche totalmente cada canto e preme contra as paredes de madeira até fazê-las estalar.

Estamos todos no *Tagesraum.* Não há tempo, não há lugar para termos medo. A sensação da carne quente que faz pressão ao redor é estranha e não de todo desagradável. Levantamos os rostos à procura de ar, cuidamos de não amarrotar a ficha que seguramos na mão.

O Chefe do Bloco trancou a porta entre o *Tagesraum* e o dormitório; abriu as outras duas que do *Tagesraum* e do dormitório se abrem para fora. Lá, na frente das duas portas, está o árbitro do nosso destino: um suboficial dos SS. Tem à sua direita o Chefe do Bloco, à esquerda o escriturário. Cada um de nós, ao sair, nu, da peça no ar frio de outubro, deve passar correndo entre uma porta e outra, na frente dos três; entregar a ficha ao SS e entrar pela outra porta, a do dormitório. O SS, na fração de segundo entre as duas sucessivas passagens, com uma olhadela de frente e outra de costas, julga a sorte de cada um e por sua vez entrega a ficha ao homem à sua direita ou à sua esquerda – e isso é a vida ou a morte de cada um de nós. Em três ou quatro minutos, um alojamento de 200 homens está "feito" e, à tarde, todo o Campo de 12 mil homens.

Eu, comprimido no meio dessa massa de carne, senti, pouco a pouco, reduzir-se a pressão humana ao redor de mim. Em breve foi a minha vez. Passei, como todos, com andar enérgico e elástico, procurando manter a cabeça erguida, o peito estufado, os músculos enrijecidos e salientes. Com o rabo do olho tentei ver atrás de mim; achei que a ficha fora para a direita.

À medida que voltamos ao dormitório, podemos tornar a pôr a roupa. Ninguém sabe ainda com certeza seu destino; em primeiro lugar, precisaríamos averiguar se as fichas condenadas são as da direita ou da esquerda. Já não é o caso de se poupar um ao outro e de ter escrúpulos supersticiosos. Todos se juntam ao redor dos mais velhos, dos mais macilentos, dos mais "muçulmanos": se as fichas deles foram para a esquerda, então a esquerda é certamente o lado dos condenados.

Ainda antes que termine a seleção, todos sabem que, realmente, a esquerda foi o *Schlechte Seite*, o lado infausto. Há, obviamente, exceções à regra: René, por exemplo, tão jovem e robusto, foi parar na esquerda, talvez porque use óculos, talvez porque caminhe meio curvo como os míopes, ou, mais provavelmente, por descuido. René passou na frente da comissão logo antes de mim, poderiam ter trocado as fichas. Penso nisso, falo com Alberto, sim, a hipótese é verossímil; ainda não sei o que vou pensar disso amanhã e depois; hoje, essa hipótese não desperta em mim nenhuma emoção.

Também deve ter havido descuido quanto a Sattler, um troncudo camponês da Transilvânia que ainda há 20 dias estava em sua casa. Ele não entende alemão, não compreendeu nada do que aconteceu, está num canto cerzindo uma camisa. Devo ir lá e dizer-lhe que não precisa mais da camisa?

Esses descuidos são compreensíveis: o exame é bem rápido e sumário; por outra parte, o essencial para a administração do Campo não é que sejam eliminados justamente os mais inúteis e sim que surjam logo vagas numa percentagem prefixada.

Em nosso Bloco a seleção já acabou; continua nos outros, de modo que ainda estamos trancados aqui. Já que, porém, os panelões da sopa chegaram, o Chefe do Bloco resolve providenciar a distribuição. Os selecionados receberão ração dupla. Nunca soube se isso era devido a uma iniciativa estranhamente piedosa dos Chefes de Bloco ou a uma ordem expressa dos SS, mas, de fato, durante o intervalo entre a seleção e a partida (dois, três dias, às vezes muito mais), as vítimas, em Monowitz-Auschwitz, gozavam desse privilégio.

Ziegler apresenta a gamela, recebe a ração normal e continua à espera. – Que é que queres ainda? – pergunta o Chefe do Bloco. Não lhe consta que Ziegler faça jus ao suplemento, manda-o embora de um empurrão, mas

Ziegler volta e insiste, humilde: foi destinado à esquerda, sim, todo o mundo viu, por que o Chefe não consulta as fichas? Ziegler tem direito à dupla ração.

Ele a recebe. E, quieto, vai ao seu beliche para comê-la.

Agora, todo o mundo está raspando com a colher o fundo da gamela para aproveitar as últimas partículas de sopa; daí, uma barulheira metálica indicando que o dia acabou. Pouco a pouco faz-se silêncio. Do meu beliche, no terceiro andar, vejo e ouço o velho Kuhn rezando em voz alta, com o boné na mão, meneando o busto violentamente. Kuhn agradece a Deus porque não foi escolhido. Insensato! Não vê, na cama ao lado, Beppo, o grego, que tem 20 anos e depois de amanhã irá para o gás e bem sabe disso, e fica deitado olhando fixamente a lâmpada sem falar, sem pensar? Não sabe, Kuhn, que da próxima vez será a sua vez? Não compreende que aconteceu, hoje, uma abominação que nenhuma reza propiciatória, nenhum perdão, nenhuma expiação, nada que o homem possa fazer, chegará nunca a reparar?

Se eu fosse Deus, cuspiria fora a reza de Kuhn.

Kraus

Quando chove, a gente desejaria poder chorar. É novembro, faz dez dias que chove, a terra é um lodaçal. Qualquer objeto de madeira cheira a fungos.

Se eu pudesse dar dez passos para a esquerda estaria ao abrigo, há lá um alpendre. Já me contentaria com um saco para cobrir-me os ombros ou só com a esperança de uma fogueira onde me secar ou de um trapo enxuto para pôr entre a camisa e a pele. Penso nisso, entre um movimento e outro da pá; sim, creio mesmo que dispor de um trapo seco seria, concretamente, a felicidade.

Mais molhado do que isso, impossível; só posso tratar de me mover apenas o indispensável e, acima de tudo, não fazer movimentos diferentes, para evitar que uma nova porção de pele fique em contato com a roupa encharcada e gélida.

Sorte que hoje não há vento. É estranho: de alguma maneira, sempre tem-se a impressão de ter sorte: de que alguma circunstância, ainda que insignificante, nos segure à beira do desespero, nos permita viver. Chove, mas não está ventando. Ou, chove e venta, mas a gente sabe que à noite nos toca o suplemento de sopa e então, hoje também, encontra-se a força para chegar à noite. Ou ainda: chove, venta, a fome é a de sempre; então a gente pensa que, se precisasse mesmo, se já não tivesse nada em seu coração a não ser sofrimento e tédio (como acontece, às vezes, quando parece mesmo que chegamos ao fundo)... bem, ainda pensamos que, querendo, em qualquer momento, podemos tocar a cerca eletrificada ou jogar-nos debaixo de um trem em manobras, e então pararia de chover.

Desde a manhã estamos fincados no barro, de pernas abertas, sem despegar os pés dos dois buracos que eles formaram no terreno pegajoso; balançando-nos nos quadris a cada movimento da pá. Eu estou na metade da escavação, Kraus e Clausner no fundo, Gounan acima de mim, no nível do chão. Só Gounan pode olhar ao redor e por momentos, com uma meia palavra, avisa Kraus que apresse o ritmo ou que, eventualmente, descanse, conforme quem vem passando pela rua. Clausner trabalha de picareta, Kraus alcança a terra para mim, eu a alcanço a Gounan que a amontoa ao lado do buraco. Outros vão e vêm com carrinhos de mão e levam a terra quem sabe aonde, pouco importa, hoje o nosso mundo é este buraco na lama.

Kraus errou um golpe; um bolo de barro voa e gruda-se no meu joelho. Não é a primeira vez; peço que tenha cuidado, mas com pouca convicção: ele é húngaro, entende pouco de alemão e não sabe uma palavra de francês. É comprido, usa óculos, tem um rosto estranho, pequeno e torto; quando ri parece criança, e ri frequentemente. Trabalha demais e com excessivo vigor; ainda não aprendeu nossa arte de economizar tudo, fôlego, movimentos, pensamentos até. Ainda não sabe que é melhor apanhar, porque de pancadas em geral não se morre, mas de esgotamento sim, e é uma morte feia, a gente só se dá conta quando já é tarde demais. Kraus ainda acredita... coitado do Kraus! Não, não é o raciocínio dele, é apenas a sua honestidade boba de pequeno funcionário, trouxe-a até aqui, acha que aqui é como lá fora, que trabalhar é honesto e lógico e até conveniente, já que (pelo que todos dizem), quanto mais se trabalha, mais se ganha e se come.

– *Regardez-moi ça! Pas si vite, idiot!* (Olhe para mim. Não tão depressa, idiota!) – pragueja Gounan lá de cima; logo se lembra de traduzir em alemão: – *Langsam, du blöder Einer, langsam, verstanden?* (Devagar, burro, devagar, entende?). Kraus pode matar-se trabalhando, se quiser, mas hoje não, estamos trabalhando em conjunto e o nosso ritmo depende do ritmo dele.

Esta é a sirena do Carbureto, os prisioneiros ingleses vão embora, são quatro e meia da tarde. Logo passarão as moças ucranianas e serão cinco horas, poderemos endireitar o lombo, faltará só o caminho de volta, a chamada, o controle dos piolhos e poderemos descansar.

Chamam (*Antreten*); de todas as partes surgem os bonecos de barro, esticam os membros endurecidos, guardam as ferramentas nos galpões. Nós tiramos os pés do barro, com cuidado para que os tamancos não fiquem grudados lá dentro, e vamos, desengonçados e gotejantes, entrar em forma para a marcha de regresso. *Zu dreien*, em linhas de três. Tentei ficar ao lado de Alberto; hoje trabalhamos um longe do outro, vamos perguntar-nos como é que foi, mas alguém me dá um tapa no estômago, acabei atrás, olha aí, justamente ao lado de Kraus.

Saímos. O *Kapo* marca o passo com voz áspera: – *Links, links, links* (esquerda, esquerda, esquerda); no começo os pés doem; logo nos esquentamos, os nervos se relaxam. Também o dia de hoje, esse hoje que, de manhã, parecia insuperável, eterno, o atravessamos durante todos os seus minutos; agora jaz, acabado e logo esquecido, já não é um dia, não deixou rastro na memória de ninguém. Bem sabemos que amanhã será como hoje; talvez chova um pouco mais ou um pouco menos; talvez, em lugar de cavar o chão, iremos ao Carbureto para descarregar tijolos. Ou talvez amanhã termine a guerra, ou talvez sejamos todos mortos, ou transferidos para outro Campo, ou aconteça uma dessas reviravoltas que, desde que existe o Campo, são cada vez profetizadas como iminentes e certas. Mas quem é que pode, seriamente, pensar no dia de amanhã?

A memória é um instrumento estranho: durante o tempo passado no Campo, dançaram na minha cabeça dois versos que um amigo meu escreveu, muito tempo havia:

> "... *infin che un giorno*
> *senso non avrà più dire: domani*".*

Aqui é assim. Sabem como é que a gente diz "nunca", na gíria do Campo? *Morgen früh:* amanhã de manhã.

É a hora do *links, links, links und links*: a hora na qual não se deve errar o passo. Kraus é desajeitado: já levou um pontapé do *Kapo* porque não sabe caminhar bem na linha; agora começa a gesticular gaguejando um alemão miserável, ora, ora, quer me pedir desculpas por essa bolada de barro, ainda não compreendeu onde é que estamos, esses húngaros são gente estranha mesmo.

Manter o ritmo do passo e fazer um discurso complicado em alemão é demais; desta vez, sou em quem lhe avisa que errou o passo. Olho para ele, vejo seus olhos através das gotas de chuva nas lentes: são os olhos do homem Kraus.

---

* "Até que um dia, dizer *amanhã* não terá sentido algum".

Então aconteceu algo importante, vale a pena contá-lo agora, talvez pela mesma razão pela qual valeu a pena que acontecesse, naquele dia. Ocorreu-me fazer um longo discurso a Kraus, em mau alemão, porém devagar, palavra por palavra, procurando estar certo, depois de cada frase, de que ele tivesse compreendido.

Contei que sonhara estar na minha casa, na casa onde nasci, sentado junto com a minha família, com as pernas embaixo da mesa e, na mesa, muita, muitíssima comida. Era verão, na Itália. Em Nápoles? Pois sim, em Nápoles, não vamos complicar. Tocou a campainha, eu levantava ansioso, abria a porta, e quem aparecia? Ele, o nosso Kraus Páli, com seus cabelos, limpo, gordo, numa roupa de homem livre e com um pão na mão – um pão de dois quilos, ainda quentinho. Então, *Servus, Páli, wie geht's?* (Oi, Páli, como é que vai?), e eu me sentia feliz, fazia-o entrar, explicava aos meus familiares quem era, que ele vinha de Budapest e por que estava tão molhado. E dava-lhe de comer e de beber, e logo uma boa cama para dormir, e era noite, mas havia um calor maravilhoso, num instante ficávamos secos, eu também que, como ele, tinha estado bem molhado.

Que bom rapaz devia ser Kraus em sua vida normal, ele não vai durar muito tempo aqui, isso nota-se ao primeiro olhar, demonstra-se como um teorema. Sinto não falar húngaro, Kraus está comovido, a sua comoção explodiu, precipita-se num fluxo de estranhas palavras magiares. Só deu para compreender meu nome, mas pelos gestos solenes parece que ele formula juras e votos.

Pobre tolo Kraus. Se ele soubesse que não é verdade, que não sonhei nada com ele, que, para mim, ele também não vale nada, a não ser neste breve instante – nada, assim como tudo aqui é nada, a não ser a fome que temos dentro de nós e, fora, o frio e a chuva.

Die drei Leute vom Labor*

Quantos meses passaram desde a nossa entrada no Campo? Quantos, desde o dia em que recebi alta na enfermaria? E desde o dia da prova de Química? E desde a seleção de outubro?

Frequentemente, Alberto e eu nos fazemos essas perguntas e muitas mais. Éramos 96 quando entramos, nós, os italianos do comboio 174 mil; só 29 sobreviveram até outubro e, destes, oito se foram com a seleção. Somos 21, e o inverno recém-começou. Quantos chegarão vivos até o novo ano? Quantos até a primavera?

Há muitas semanas que os bombardeios cessaram; a chuva de novembro virou neve, a neve cobriu os destroços. Os alemães e os poloneses vão ao trabalho com botas de borracha, tapa-orelhas de pelo e macacões forrados; os prisioneiros ingleses, com seus maravilhosos casacos de pele. Em nosso Campo, só foram distribuídos alguns capotes a poucos privilegiados; nós somos um *Kommando* especializado que, em tese, só trabalha

---
* Os três do Laboratório.

em lugares fechados. Portanto, ficamos com a roupa de verão.

Somos os químicos, por isso trabalhamos com os sacos de fenilbeta. Esvaziamos o depósito depois dos primeiros bombardeios, no meio do verão; o fenilbeta grudava-se na pele suada, por baixo da roupa, e nos roía como uma lepra, a pele soltava-se dos nossos rostos em grossas escamas queimadas. Os bombardeios cessaram e levamos de novo os sacos ao depósito. Depois o depósito foi atingido pelas bombas, e guardamos os sacos no porão do Setor Estireno. O depósito foi consertado, e, mais uma vez, vamos empilhar lá os sacos. O cheiro penetrante do fenilbeta impregna nossa única roupa, acompanha-nos, dia e noite, como uma sombra. Até agora, as vantagens de estar no *Kommando* Químico limitaram-se a estas: os demais receberam capotes, nós não; os demais carregam sacos com 50 quilos de cimento e nós sacos com 60 quilos de fenilbeta. Como poderíamos pensar ainda na prova de Química e nos sonhos de então? Pelo menos quatro vezes, durante o verão, falou-se do Laboratório do Dr. Pannwitz no Edifício 939; correu o boato de que seriam escolhidos entre nós os analistas para o Setor Polimerização.

Chega. Acabou-se. É o último ato: começou o inverno e, junto com ele, a nossa última batalha. Já não há como duvidar: será a última. Qualquer que seja o instante do dia em que a gente dê ouvidos à voz de seu corpo, interrogue seus membros, a resposta é uma só: não aguentaremos.

Tudo, ao redor de nós, fala de dissolução, de fim. Metade do Edifício 939 é um amontoado de chapas retorcidas e caliças; das enormes tubulações onde rugia o vapor superaquecido, agora pendem até o chão disformes estalactites de gelo azulado, grossas como pilares. A fábrica está silenciosa. Quando o vento é propício, aguçando os ouvidos, percebemos um surdo frêmito subterrâneo; é a frente de batalha que se aproxima. Chegaram ao Campo 300 prisioneiros do Gueto de Lodz que os alemães transferiram antes da chegada dos russos; trouxeram até nós a nova da luta legendária do Gueto de Varsóvia e nos contaram como, já há um ano, os alemães liquidaram o Campo de Lublin: fogo nos alojamentos e quatro metralhadoras nos quatro cantos do Campo. O mundo civil não saberá nunca. Quando será a nossa vez?

Esta manhã o *Kapo* fez, como sempre, a divisão dos grupos. Os dez do Cloromagnésio, ao Cloromagnésio – e eles se vão, arrastando os pés, bem devagar, porque o Cloromagnésio é um trabalho pesadíssimo: passa-se todo o dia com água na altura dos tornozelos – e é uma água salobra e gelada que corrói os sapatos, a roupa e a pele. O *Kapo* pega um tijolo e o joga no grupo; eles se esquivam, desajeitadamente, mas não apressam o passo. Isso tornou-se quase hábito, acontece cada manhã e nem sempre pressupõe no *Kapo* uma clara intenção de machucar.

Os quatro do *Scheisshaus* (latrina), ao seu trabalho – e partem os quatro encarregados de construir uma nova latrina. Todos sabem que, desde quando chegaram os comboios de Lodz e da Transilvânia e ultrapassamos a lotação de 50 *Häftlinge,* o misterioso burocrata alemão que superintende essas coisas autorizou a construção de um *Zweiplatziges Kommandoscheisshaus,* ou seja, de uma latrina com dois lugares, reservada ao nosso *Kommando.* Ficamos sensibilizados com esse privilégio que torna o nosso *Kommando* um dos poucos aos quais a gente pode orgulhar-se de pertencer; está claro, porém, que, desse modo, desaparece o pretexto mais simples para ausentar-se do trabalho e tratar negócios com os trabalhadores externos. *Noblesse oblige* – diz Henri; ele, porém, tem outros recursos.

Os 12 dos tijolos. Os cinco de Mestre Dahm. Os dois das cisternas. Quantos ausentes? Três. Homolka, que baixou hoje à Enfermaria, o Ferreiro, que morreu ontem, François, transferido quem sabe para onde e por quê. A conta confere, o *Kapo* anota, satisfeito. Sobramos apenas nós, os 18 da fenilbeta – além dos "proeminentes" do *Kommando.* E aí acontece o imprevisível.

O *Kapo* diz: – O *Doktor* Pannwitz comunicou ao Serviço do Trabalho que três *Häftlinge* foram escolhidos para o Laboratório. 169.509, Brackier; 175.633, Kandel; 174.517, Levi. Um zumbido nos ouvidos, a fábrica que gira ao redor de mim. Somos três Levis no *Kommando 98,* mas Hundert Vierundsiebzig Fünf Hudert Siebzehn, 174.517, sou eu, não resta dúvida. Eu sou um dos três eleitos.

O *Kapo* nos esquadrinha com um sorriso mau. Um belga, um romeno, um italiano: três *Franzosen*, enfim. Possível que justamente três *Franzosen* tivessem que ser eleitos para o paraíso do Laboratório?

Muitos companheiros nos dão os parabéns; primeiro entre eles Alberto, com alegria sincera, sem a menor inveja. Alberto não tem objeção alguma quanto à boa sorte que me tocou; pelo contrário, está bem contente, não só por amizade, mas porque ele também vai tirar suas vantagens já que nós dois estamos ligados por um firme pacto de aliança: cada bocado arranjado é dividido em duas partes rigorosamente iguais. Ele não tem razão de me invejar, porque entrar no Laboratório não correspondia às suas esperanças nem aos seus desejos. O sangue corre livre demais em suas veias para que Alberto, o meu indômito amigo, pense adaptar-se dentro de um esquema; seu instinto leva-o para longe, rumo a outras soluções, ao imprevisto, ao extemporâneo, ao novo. A um bom emprego Alberto prefere, sem vacilar, as incertezas e lutas da "profissão liberal".

Tenho no bolso um tíquete do Serviço do Trabalho, onde está escrito que o *Häftling* 174.517, na qualidade de operário especializado, tem direito a camisa e ceroulas novas e deve fazer a barba cada quarta-feira.

A fábrica estraçalhada jaz sob a primeira neve, silenciosa e rija como um imenso cadáver; cada dia uivam as sirenas do alarme aéreo; os russos já estão a 80 quilômetros daqui. A central elétrica parou; as colunas do Metanol não existem mais; explodiram três dos quatro gasômetros do acetileno. Todos os dias afluem ao nosso Campo, desordenadamente, os prisioneiros "recuperados" de todos os Campos de Concentração da Polônia, Oriental; a minoria vai para o trabalho, a maioria direto para Birkenau e a Chaminé. A ração foi reduzida mais ainda. A enfermaria transborda; os E-*Häftlinge* trouxeram ao Campo a escarlatina, a difteria e o tifo exantemático.

O *Häftling* 174.517, porém, foi promovido a especialista e tem direito a camisa e ceroulas novas e deve fazer a barba cada quarta-feira. Não dá para entender estes alemães.

Entramos no Laboratório assustados, desconfiados e atrapalhados como três bichos do mato entrando na cidade. Como o piso é liso e limpo! Este laboratório é absurdamente parecido com qualquer outro laboratório. Três longos balcões de trabalho, carregados com centenas de objetos familiares. A vidraçaria gotejando num canto, a balança analítica, uma estufa Heraeus, um termostato Höppler. O cheiro é como uma chicotada que me faz sobressaltar: o leve cheiro aromático dos laboratórios de química orgânica. Reaparece por um instante, evocado com violência brutal e logo desvanecido, o salão escuro da universidade, o quarto ano, o ar tépido do mês de maio na Itália.

Her Stawinoga destina a cada um seu lugar de trabalho. Stawinoga é um alemão-polonês ainda jovem, de rosto enérgico mas, ao mesmo tempo, cansado e triste. Ele também é *Doktor*, não em Química e sim em Glotologia (*"ne pas chercher à comprendre"*). É ele, porém, o chefe do Laboratório. Não gosta de falar conosco, mas não parece hostil. Trata-nos de *monsieur*, o que resulta ridículo, desconcertante.

No Laboratório, a temperatura é deliciosa: o termômetro marca 24°. Pensamos que bem poderiam mandar-nos lavar os vidros, varrer o chão, transportar os botijões de hidrogênio, qualquer coisa desde que possamos ficar aqui, e o problema do inverno estaria resolvido. E também o problema da fome não deveria ser difícil de resolver. Será que nos vão revistar cada dia na saída? E ainda que seja assim, será que nos vão revistar cada vez que formos ao banheiro? Não, evidentemente. E aqui há sabão, gasolina, álcool. Costurarei um bolso secreto dentro do casaco, me ajeitarei com o inglês que trabalha na oficina mecânica e negocia com gasolina. Veremos até que ponto será estrita a fiscalização, mas já vivi um ano no Campo, sei que quando alguém quer roubar e se aplica seriamente a isso, não há fiscalização, não há revistas que possam impedi-lo.

Pelo que parece, então, a sorte, por estranhos caminhos, decidiu que nós três, objeto de inveja entre 10 mil condenados, não passemos frio nem fome neste inverno. Isso significa boas probabilidades de não adoecer gravemente, de evitar congelamentos, de superar as seleções. Nestas condições, alguém que tivesse uma experiência do Campo menor que a nossa poderia ser tentado a confiar na sobrevivência, a pensar na liberdade. Não, não. Sabemos como as coisas acontecem: tudo isto é um dom da sorte e portanto deve ser aproveitado o mais possível e já; do dia de amanhã, porém, não há certeza alguma. Bastarão um vidro quebrado, um erro de medição, um descuido e tornarei a me consumir na neve e no vento até que eu também esteja pronto para a Chaminé. E quem pode prever o que acontecerá na hora da chegada dos russos?

Porque os russos chegarão. O chão treme, dia e noite, debaixo dos nossos pés; no silêncio vazio da grande fábrica, o estrondo baixo e surdo das artilharias ressoa agora sem interrupção. Respira-se um ar tenso, um ar de desfecho. Os poloneses já não trabalham, os franceses tornaram a marchar de cabeça erguida. Os ingleses nos piscam o olho, saúdam-nos às escondidas com o "V" do indicador e do médio – e nem sempre às escondidas.

Os alemães, porém, são surdos e cegos, fechados dentro de uma couraça de obstinação e de deliberado desconhecimento da realidade. Ainda uma vez, marcaram a data do início da produção da borracha sintética: será no dia 1º de fevereiro de 1945. Fazem abrigos e trincheiras, constroem, lutam, mandam, organizam, matam. Que outra coisa poderiam fazer? São alemães; essa sua maneira de agir não é meditada nem deliberada, vem de sua índole, do destino que escolheram. Não poderiam agir de outra forma. Ao ser ferido um homem já agonizante, a ferida iniciará seu processo de cicatrização, ainda que o corpo inteiro morra amanhã.

Agora, cada manhã, na hora da divisão dos grupos, o *Kapo* chama, antes de todos, os três do Laboratório: *die drei Leute vom Labor*. Dentro do Campo, à noite e de manhã, nada me diferencia do rebanho, mas durante o dia, no trabalho, estou abrigado e quente, ninguém bate em mim, roubo e vendo sabão e gasolina sem correr muitos riscos; talvez consiga um vale para sapatos de couro. E, ainda, será que isto é trabalho? Trabalhar significa empurrar vagões, carregar caibros, rachar pedras, remover terra com a pá, apertar nas mãos nuas o arrepio do ferro gelado. Mas eu estou sentado o dia todo, tenho caderno e lápis, deram-me até um livro para refrescar a memória quanto aos métodos analíticos. Tenho uma gaveta onde guardar boné e luvas; para sair, basta que avise Herr Stawinoga, que nunca diz que não e não reclama se me demoro. Ele parece sofrer na própria carne por causa da destruição que vê ao redor de si.

Os companheiros do *Kommando* me invejam e com razão: acaso eu não deveria considerar-me feliz? No instante, porém, em que de manhã estou livre da fúria do vento e transponho o umbral do Laboratório, aparece a companheira de todo momento de trégua, da enfermaria, dos domingos de folga: a pena de relembrar, o velho tormento feroz de me sentir homem que, logo que a consciência sai das trevas, me acua de repente como um cachorro que morde. Então pego lápis e caderno e escrevo o que não saberia confiar a ninguém.

E as mulheres. Há quantos meses não via uma mulher? Frequentemente, cruzava na fábrica com as operárias ucranianas e polonesas, de calça comprida e casaco de couro, maciças e violentas como seus homens. Suadas e desgrenhadas no verão, entrouxadas em grossas roupas no inverno, trabalhando de pá e picareta, nem as sentíamos como mulheres.

Aqui é diferente. Diante das moças do Laboratório, nós três mergulhamos na vergonha e no constrangimento. Bem sabemos qual é a nossa aparência; vemo-nos uns aos outros; às vezes, nos acontece espelhar-nos num vidro polido. Somos ridículos e repugnantes. Carecas na segunda-feira e no sábado, com o crânio coberto de curto e cinzento bolor. Nosso rosto é inchado e amarelo, sempre marcado pelos cortes do barbeiro apressado e frequentemente por hematomas e feridas; nosso pescoço é comprido e arrepiado como o dos frangos depenados. Nossas roupas são incrivelmente sujas, manchadas de barro, sangue e graxa; as calças de Kandel chegam apenas até a barriga da perna, mostrando os tornozelos ossudos e peludos; o meu casaco pende dos ombros como de um cabide. Estamos cheios de pulgas, amiúde nos coçamos grosseiramente; somos obrigados a pedir para ir ao banheiro com humilhante frequência. Nossos tamancos fazem um barulho insuportável e estão incrustados com camadas alternadas de barro e da graxa regulamentar.

E, ainda, nós estamos acostumados ao nosso cheiro, mas as moças não, e não perdem ocasião para demonstrá-lo. Não é o cheiro vago de quem se lava pouco, e sim o cheiro de *Häftling*, morno e adocicado, que nos recebeu ao entrarmos no Campo e que exala tenaz dos dormitórios, das cozinhas, dos lavatórios e das latrinas. Adquire-se logo e não nos larga mais: "Tão jovem e já fedes!" Assim costumamos receber os recém-chegados.

Estas moças nos parecem criaturas sobrenaturais. São três jovens alemãs e mais Fräulein Liczba, polonesa, que cuida do depósito, e Frau Mayer, a secretária. Elas têm pele suave e rosada, roupas bonitas e coloridas, limpas e quentes, cabelo loiro, comprido e bem cuidado; falam com graça e educação mas, em lugar de manter o Laboratório arrumado e limpo como deveriam, fumam nos cantos, comem pão e geleia na frente de todos, fazem as unhas, quebram uma porção de vidros e põem a culpa em nós; ao varrerem, passam a vassoura em cima de nossos pés. Nunca falam conosco e torcem o nariz ao ver-nos arrastando-nos pelo Laboratório, miseráveis, sujos, desajeitados, vacilantes sobre os tamancos. Uma vez pedi uma informação a Fräulein Liczba; ela nem respondeu, virou para Stawinoga com expressão aborrecida, falou-lhe depressa. Não compreendi a frase, porém *Stinkjude* (judeu fedorento) bem o compreendi e senti um aperto no coração. Stawinoga me disse que, para qualquer assunto de trabalho, devemos nos dirigir pessoalmente a ele.

Estas moças cantam, como cantam todas as moças de todos os laboratórios deste mundo, e isso nos entristece profundamente. Conversam entre si, falam do racionamento de gêneros alimentícios, de seus namorados, de suas casas, das próximas festividades.

– Vais para casa no domingo? Eu não; viajar é tão incômodo!

– Eu irei no Natal. Ainda duas semanas e já será Natal outra vez; nem parece verdade, este ano passou tão depressa!

... Este ano passou depressa. No ano passado, a esta hora, eu era um homem livre; fora da lei, porém livre, tinha nome e família, uma mente ávida e inquieta, um corpo ágil e saudável. Pensava em muitas coisas, todas tão longínquas: no meu trabalho, no fim da guerra, no bem e no mal, na natureza das coisas e nas leis que regem as ações humanas e também nas montanhas, em cantar, no amor, na música, na poesia. Tinha uma imensa, arraigada, tola confiança na benevolência do destino; matar, morrer pareciam-me coisas estranhas, literárias. Os meus dias eram alegres e tristes, mas eu tinha saudade de todos eles, todos eram cheios, positivos, o futuro estava à minha frente como um tesouro. De minha vida de então, só me resta o que basta para sofrer a fome e o frio; já não sou vivo o bastante para ter a força de acabar comigo.

Se eu falasse melhor o alemão, poderia tentar esclarecer tudo isso a Frau Mayer, mas não, ela não entenderia ou, se fosse tão inteligente, tão sensível para entender, não suportaria minha proximidade, me evitaria como se evita o contato com um doente incurável ou com um condenado à morte. Ou talvez me desse de presente um bônus para meio litro de sopa dos trabalhadores externos.

Este ano passou depressa.

O último

O Natal está perto. Alberto e eu caminhamos, ombro a ombro, na longa fila cinzenta, inclinados para melhor resistir ao vento. É noite, está nevando; não é fácil ficar de pé e menos ainda manter o passo e o alinhamento. De vez em quando, alguém à nossa frente tropeça e cai no barro negro; cuidamos para evitá-lo e retomarmos nosso lugar na fila.

Desde que estou no Laboratório, Alberto e eu trabalhamos separadamente e, no caminho de volta, sempre temos muito para nos dizer. Em geral não se trata de argumentos especialmente elevados: só do trabalho, dos companheiros, do pão, do frio, mas faz uma semana que há algo diferente: Lourenço nos traz, cada noite, três ou quatro litros da sopa dos trabalhadores externos italianos. Para resolver o problema do transporte, tivemos que conseguir uma *menaschka*, ou seja, uma gamela de zinco fora do comum, mais balde que gamela. Silberlust, o chapeador, a fez com dois pedaços de calha em troca de três rações de pão; é um recipiente esplêndido, forte e amplo, parece um utensílio neolítico.

No Campo todo, só algum grego possui uma *menaschka* maior que a nossa. Isso nos trouxe, além das vantagens materiais, uma notável melhora em nossa condição social. Uma *menaschka* desse tamanho é um atestado de nobreza, um brasão heráldico; Henri está ficando amigo nosso, trata-nos de igual para igual; L. adotou um tom paternal e condescendente; quanto a Elias, está sempre grudado em nós: por um lado, vigia-nos obstinadamente para descobrir o segredo da nossa *organisacja;* por outro, enche-nos com declarações incompreensíveis de solidariedade e carinho, atordoa-nos com uma ladainha de incríveis obscenidades e blasfêmias italianas e francesas que aprendeu quem sabe onde e com as quais visa, claramente, lisonjear-nos.

Quanto ao aspecto moral da nova situação, Alberto e eu tivemos de convir que não há nada de que orgulharnos, mas é tão fácil achar justificativas! E o simples fato de termos novos assuntos dos quais falar já não é vantagem desprezível.

Falamos do plano de comprar uma segunda *menaschka* para fazermos o rodízio com a primeira, de modo que baste uma viagem só por dia até o canto afastado da fábrica onde trabalha Lourenço. Falamos de Lourenço e da maneira de recompensá-lo: depois, sim, se voltarmos, sim, claro, faremos por ele tudo o que pudermos, mas para que falar disso? Tanto ele como nós, bem sabemos que a nossa volta é difícil. Haveria que fazer algo imediato; talvez consigamos consertar seus sapatos na sapataria do nosso Campo, onde os consertos são de graça (parece um paradoxo, mas oficialmente, tudo é de graça nos Campos de Extermínio). Alberto vai tentar; é amigo do chefe dos sapateiros, talvez baste algum litro de sopa.

Falamos de três novíssimas façanhas nossas e só lamentamos que evidentes motivos de segredo profissional desaconselhem revelá-las por aí; pena, nosso prestígio pessoal ganharia muito com isso.

Quanto à primeira, a ideia foi minha. Soube que o Chefe do Bloco 44 estava mal de vassouras e roubei uma na fábrica; até aqui, nada de especial. O problema era contrabandear a vassoura para o Campo durante a marcha de volta e o resolvi de maneira creio que inédita, separando o cabo da piaçava, serrando o cabo em dois pedaços, trazendo ao Campo as várias peças separadamente (os dois pedaços de cabo amarrados às coxas, dentro das calças) e recompondo o conjunto no Campo, depois de conseguir martelo, pregos e um pedacinho de chapa para juntar as madeiras. O trabalho todo levou apenas quatro dias.

Ao contrário do que eu temia, o interessado, longe de desprezar minha vassoura, mostrou-a como uma raridade a vários amigos, que me encomendaram mais duas vassouras "do mesmo modelo".

Alberto, porém, tem na mira algo bem mais importante. Em primeiro lugar, acertou até os últimos detalhes a "operação lima" e já a realizou com êxito duas vezes. Ele se apresenta no depósito das ferramentas, pede uma lima e escolhe uma meio grande. O encarregado escreve "Uma lima" ao lado do número de matrícula de Alberto e este vai embora, direto para um trabalhador externo de toda confiança, uma flor de patife, de Trieste, mais esperto do que o diabo e que ajuda Alberto mais por amor à arte do que por interesse ou filantropia. O triestino não tem dificuldade em trocar a lima grande por duas pequenas; Alberto devolve "uma lima" ao depósito e vende a outra.

E, por fim, nestes dias ele coroou sua obra-prima, um jogo ousado, novo e especialmente brilhante. Acontece que, já há algumas semanas, foi encarregado de um serviço especial: de manhã, na fábrica, recebe um balde com alicate, chave de fenda e centenas de plaquinhas de celuloide de várias cores que deve aplicar com pequenos suportes para distinguir as muitas e longas tubulações de água fria e quente, de vapor, de ar comprimido, de gás, de óleo diesel, vácuo etc. que cruzam por todos os lados o Setor Polimerização. Acontece também – e parece que uma coisa não tem nada a ver com a outra, mas acaso não é engenhoso achar ou criar ligações entre grupos de ideias em aparência sem ligação alguma? –, acontece que para todos nós, *Häftlinge,* a ducha é coisa desagradável por vários motivos: água escassa, fria ou até fervendo, falta de um lugar onde se despir, falta de toalha e de sabão, facilidade de sermos roubados enquanto ausentes.

Já que a ducha é obrigatória, os Chefes de Bloco necessitam de um sistema de controle que lhes permita punir quem não se lava. Em geral, um encarregado fica na porta e apalpa, como Polifemo, os que saem. Quem está molhado recebe uma ficha, quem está seco apanha cinco chicotadas. Só apresentando a ficha pode-se retirar o pão na manhã seguinte.

Alberto ficou pensando nessas fichas. Em geral, são apenas uns miseráveis pedacinhos de papel que, quando devolvidos, estão úmidos, amarrotados, irreconhecíveis. Alberto conhece os alemães, e os Chefes de Bloco são todos alemães ou de educação alemã; gostam da ordem, do sistema, da burocracia e, ainda que sejam uns brutamontes violentos e coléricos, têm um amor infantil pelos objetos reluzentes e de cores vivas.

Assim equacionado o problema, Alberto passou a resolvê-lo brilhantemente. Surrupiou sistematicamente uma série de fichas da mesma cor; de cada uma obteve três disquinhos (fui eu que ajeitei no Laboratório o instrumento necessário, um corta-buchas); uma vez prontos duzentos discos, suficientes para um Bloco, apresentou-se ao Chefe do Bloco e ofereceu a *Spezialität* pelo preço absurdo de dez rações de pão, a serem entregues pouco a pouco. O cliente aceitou com entusiasmo, e agora Alberto dispõe de um milagroso artigo na moda que poderá oferecer, certo do sucesso, em todos os Blocos, uma cor para cada Bloco (nenhum Chefe de Bloco vai querer passar por tacanho ou antiquado) e, principalmente, sem receio de concorrência, porque só ele tem acesso à matéria-prima. Não foi bem bolado?

Falamos dessas coisas, tropeçando entre uma poça e outra; em cima, a escuridão do céu; embaixo, a lama da estrada. Falamos e andamos. Eu levo as duas gamelas vazias; Alberto, o peso suave da *menaschka* cheia. Mais uma vez, a música da banda, a cerimônia do *Mützen ab*, tirar de repente os bonés frente aos SS; mais uma vez *Arbeit Macht Frei*, o trabalho liberta, e o anúncio do *Kapo*: – *Kommando 98, zwei und sechzig Häftlinge, Starke stimmt"* – 62 prisioneiros, a conta confere. O grupo, porém, não se dispersou; levam-nos marchando até a Praça da Chamada. Haverá chamada? Não, não é isso. Vimos a luz violeta dos holofotes e a conhecida silhueta da forca.

Durante mais de hora os grupos continuam chegando, com o tropel das solas de madeira na neve endurecida. Quando todos os *Kommandos* voltaram, a banda silenciou de repente e uma rouca voz alemã ordenou o silêncio. Na quietude repentina levantou-se outra voz alemã e na noite sinistra falou demoradamente, com raiva. Por fim, o condenado foi colocado no meio da luz do holofote.

Esse aparato todo e esse cerimonial feroz não são novidade para nós. Desde que entrei no Campo, tive que assistir a 13 enforcamentos públicos. As outras vezes, porém, tratava-se de crimes comuns, roubos na cozinha, sabotagens, tentativas de fuga. Hoje é outra coisa.

No mês passado, explodiu um dos fornos crematórios de Birkenau. Nenhum de nós sabe (e talvez ninguém saiba nunca) como é que foi realizada a façanha; fala-se do *Sonderkommando,* do *Kommando* Especial encarregado das câmaras de gás e dos fornos, *Kommando* que por sua vez é periodicamente exterminado e que é mantido em absoluta segregação do resto do Campo. Resta o fato de que, em Birkenau, umas poucas centenas de homens, de escravos inermes e esgotados como nós, encontraram em si mesmos a força de agir, de fazer vingar os frutos de seu ódio.

O homem que vai morrer hoje participou, de alguma maneira, da revolta. Parece que tinha ligações com os amotinados de Birkenau, que introduziu armas em nosso Campo, que maquinou um motim simultâneo entre nós. Ele morrerá hoje na nossa frente, e talvez os alemães não compreendam que essa morte solitária, essa morte de homem que lhe foi reservada, lhe valerá glória, não infâmia.

Acabado o discurso do alemão, que ninguém conseguiu entender, retumbou mais uma vez a voz rouca de antes:

– *Habt ihr verstanden?* (Compreenderam?)

Quem respondeu *Jawoh*? Todos e ninguém: foi como se essa nossa maldita resignação tomasse corpo por si, tornando-se voz coletiva por cima das nossas cabeças. Todos, porém, ouviram o grito do homem que ia morrer; esse grito transpôs as velhas, grossas barreiras de inércia e remissão, atingiu, em cada um de nós, o âmago de nossa essência de homens: – *Kamaraden, ich bin der Letzte!* (Companheiros, eu sou o último!)

Eu desejaria poder contar que entre nós, vil rebanho, levantou-se uma voz, um sussurro, um sinal de assentimento. Não, não houve nada. Continuamos de pé, encurvados e cinzentos, cabisbaixos, não nos descobrimos a não ser quando o alemão mandou. Abriu-se o alçapão, o corpo estrebuchou, atroz; a banda de música recomeçou a tocar, e nós, novamente formados em coluna, desfilamos à frente dos últimos estremecimentos do moribundo.

Aos pés da forca, os SS nos olham passar, indiferentes. A sua obra foi concluída, e bem concluída. Os russos já podem vir: já não há homens fortes entre nós, o último pende por cima das nossas cabeças e, para os outros, poucas laçadas de corda bastaram. Os russos podem vir: só encontrarão a nós, domados, apagados, já merecedores da morte inerme que nos espera.

Destruir o homem é difícil; quase tanto como criá-lo: custou, levou tempo, mas vocês, alemães, conseguiram. Aqui estamos, dóceis sob o seu olhar; de nós, vocês não têm mais nada a temer. Nem atos de revolta, nem palavras de desafio, nem um olhar de julgamento.

* * *

Alberto e eu voltamos ao Bloco; nenhum dos dois pôde encarar o outro. Esse homem devia ser duro, devia ser feito de uma substância diferente da nossa, já que a vida cruel do Campo não conseguiu dobrá-lo, e a nós nos quebrou.

Porque nós também estamos quebrados, vencidos: ainda que tenhamos conseguido nos adaptar, ainda que tenhamos aprendido, por fim, a achar nossa comida e a aguentar o cansaço e o frio, ainda que um dia, talvez, regressemos.

Colocamos a gamela no beliche, repartimos a comida, saciamos a fúria cotidiana da fome e agora nos oprime a vergonha.

História de dez dias

Já fazia meses que se ouvia por momento o estrondo dos canhões russos quando, no dia 11 de janeiro de 1945, fiquei doente com escarlatina e baixei novamente ao Ka-Be, *Infektionsabteilung:* uma peça, na verdade bem limpa, com dez camas em beliches duplos; um armário, três banquinhos e a cadeira com o balde para as necessidades corporais. Tudo isso, num espaço de três metros por cinco.

Era difícil subir até as camas de cima porque não havia escada; por isso, se um doente piorava, era mudado para as camas de baixo.

Ao chegar, eu era o décimo terceiro. Dos 12 restantes, quatro estavam com escarlatina (dois franceses "políticos" e dois rapazes, judeus húngaros); havia mais três com difteria, dois com febre tifoide, um com uma repelente erisipela no rosto. E ainda dois com várias doenças, incrivelmente esgotados.

Eu estava com febre alta. Tive a sorte de conseguir uma cama só para mim. Deitei com alívio. Tinha direito a 40 dias de isolamento e portanto de descanso; considerava-me em condições razoavelmente boas e não tinha grande receio da escarlatina nem das seleções.

Graças à minha já longa experiência das particularidades do Campo, conseguira trazer meus pertences pessoais: um cinto de fios elétricos trançados, a faca-colher, uma agulha com três enfiaduras de linha, cinco botões e, por fim, 18 pederneiras roubadas do Laboratório. De cada uma delas, desbastando-a pacientemente com a faca, podiam-se conseguir três pedrinhas miúdas do tamanho certo para um isqueiro. Valiam seis ou sete rações de pão.

Passei quatro dias tranquilo. Fora nevava e fazia frio, mas o barraco era aquecido. Eu recebia fortes doses de sulfas, tinha náuseas, custava para comer; não tinha a menor vontade de puxar conversa.

Os dois franceses doentes de escarlatina eram simpáticos: provincianos dos Vosges, chegados ao Campo poucos dias antes com um grande comboio de civis capturados pelos alemães ao se retirarem da Lorena. O mais idoso chamava-se Arthur, era camponês, pequeno e magro. O outro, seu companheiro de beliche, chamava-se Charles, era professor, tinha 32 anos; em lugar de camisa, deram-lhe uma camiseta comicamente curta.

No quinto dia chegou o barbeiro. Era um grego de Tessalônica; falava apenas o bonito espanhol da sua gente, mas compreendia algumas palavras de todas as línguas do Campo. Chamava-se Askenazi, estava no Campo havia quase três anos; nem sei como conseguiu o encargo de *Frisör* do Ka-Be, já que não falava alemão nem polonês e não era especialmente brutal. Antes que entrasse, eu já o ouvira conversar animadamente no corredor com o médico que era grego também. Pareceu-me notar-lhe uma expressão insólita, mas a mímica dos levantinos difere da nossa; eu não conseguia entender se ele estava assustado, ou alegre, ou emocionado. Askenazi me conhecia ou, ao menos, sabia que eu era italiano.

Quando chegou a minha vez, desci trabalhosamente do beliche. Perguntei, em italiano, se havia algo novo. Ele interrompeu a tarefa, piscou os olhos de maneira solene e significativa, indicou a janela, fez com a mão um largo gesto para o poente: – *Morgen, alle Kamarad weg.* (Amanhã, todos vão embora.)

Olhou-me um instante de olhos arregalados, como à espera do meu assombro, e repetiu: – Todos, todos. – E recomeçou a trabalhar. Ele sabia das minhas pedrinhas; portanto, barbeou-me delicadamente.

A notícia não despertou em mim nenhuma emoção direta. Fazia muitos meses que eu já não conhecia a dor, a alegria, o temor, a não ser desse modo destacado e longínquo do Campo, que se poderia chamar condicional: se eu tivesse agora, pensei, minha sensibilidade normal, este seria um momento extremamente emocionante.

Eu tinha ideias bem claras. Fazia tempo que Alberto e eu prevíamos os perigos que surgiriam nos dias da evacuação do Campo e da libertação. Por outro lado, a notícia referida por Askenazi confirmava os últimos boatos:

que os russos já estavam em Czenstochowa, 100 quilômetros ao norte; que estavam em Zakopane, 100 quilômetros ao sul; que, na fábrica, os alemães já preparavam as minas de sabotagem.

Olhei um por um os rostos dos meus companheiros de quarto: estava claro que nem valia a pena informá-los. Responderiam: e daí? E assunto encerrado. Os franceses, porém, eram diferentes, ainda não abatidos pela vida do Campo.

– Vocês sabem? Amanhã o Campo vai ser evacuado.

Eles me assediaram com perguntas. – Para onde? A pé? Os doentes também? E os que não estão em condições de andar? – Eu era um velho prisioneiro e compreendia o alemão; imaginavam que soubesse muito mais do que queria admitir.

Eu, porém, não sabia mais nada. Disse, e continuaram com as perguntas. Uma droga. Claro: estavam no Campo havia poucas semanas; ainda não tinham aprendido que no Campo a gente não faz perguntas.

À tarde veio o médico grego. Disse que, também entre os doentes, quem estivesse em condições de andar receberia roupa e sapatos e partiria no dia seguinte, junto com os sãos, para uma marcha de 20 quilômetros. Os demais ficariam no Ka-Be, assistidos por pessoal escolhido entre os doentes menos graves.

O médico estava estranhamente risonho, parecia bêbado. Eu o conhecia bem: homem egoísta, culto, inteligente e calculista. Disse ainda que todos, sem exceção, receberiam tripla ração de pão, e, ouvindo a notícia, os doentes alegraram-se visivelmente. Fizemos algumas perguntas: o que seria de nós? Respondeu que, provavelmente, os alemães nos abandonariam à nossa sorte; não, ele não acreditava que nos matassem. Devia pensar o contrário e não fazia muita questão de ocultá-lo. A sua alegria já era significativa.

Já estava equipado para a marcha. Saiu, e os dois rapazes húngaros começaram a falar excitados entre si. Embora convalescentes, estavam ainda muito fracos. Compreendia-se que tinham medo de ficar com os doentes; preferiam partir com os sãos. Não se tratava de raciocínio; eu também, se não me sentisse tão fraco, provavelmente seguiria o instinto do rebanho. O terror é especialmente contagioso e o ser apavorado procura, antes de tudo, a fuga.

Fora do Bloco, percebia-se no Campo uma estranha agitação. Um dos húngaros levantou, saiu, voltou meia hora depois carregando uns trapos imundos. Devia tê-los surrupiado do depósito onde estavam guardados para a desinfecção. Ele e seu companheiro vestiram-se às pressas, entrouxando-se. Notava-se que queriam colocar a si próprios perante o fato consumado, antes de que o medo os fizesse voltar atrás. Era loucura pensar em marcharem nem que fosse apenas por uma hora, fracos como estavam, na neve e com esses sapatos rotos arranjados no último instante. Tentei explicar; olharam-me sem responder, com olhos de bichos assustados.

Só por um momento, pensei que talvez pudessem estar com a razão. Saíram desajeitadamente pela janela; vi-os, sombras disformes, vacilar fora, na noite. Não voltaram. Só bem mais tarde soube que, não conseguindo prosseguir, foram abatidos pelos SS poucas horas depois do início da marcha.

Eu também, claro, precisaria de um par de sapatos. Passou uma hora, porém, antes que conseguisse vencer a náusea, a febre e a inércia. Encontrei um par no corredor: os prisioneiros sãos tinham saqueado o depósito dos sapatos pertencentes aos doentes, escolhendo os melhores. Os sapatos restantes, rotos, desencontrados, de solas furadas, estavam espalhados pelos cantos. Foi lá que encontrei Kosman, um alsaciano. Antes da captura fora correspondente da Reuter em Clermont-Ferrand; ele também estava excitado e eufórico. Disse-me: – Se chegares antes de mim, escreve ao prefeito de Metz que estou por voltar.

Sabia-se que Kosman tinha ligações com os "proeminentes"; portanto, seu otimismo me pareceu bom sinal e o aproveitei para justificar minha inércia perante mim mesmo. Escondi os sapatos e tornei a deitar.

Bem tarde da noite veio ainda o médico grego, de mochila nas costas e manta. Atirou no meu beliche uma novela francesa: – Pega, italiano; lê. Pode me devolver quando nos tornarmos a ver. – Ainda hoje, odeio-o por essa frase. Ele bem sabia que estávamos condenados.

Por fim, chegou Alberto, desafiando a proibição: falou-me pela janela. Era meu companheiro inseparável; nós dois éramos "os dois italianos": em geral, os outros trocavam nossos nomes. Fazia seis meses que compartilhávamos a cama e cada grama de comida extra que conseguíamos. Ele tivera escarlatina quando criança e eu não chegara a contagiá-lo. Portanto, ele foi embora e eu fiquei. Despedimo-nos; não havia necessidade de muitas palavras porque cada um já sabia tudo do outro. Não acreditávamos que ficaríamos separados por muito tempo. Alberto encontrara um par de sólidos sapatos de couro, em estado razoável; ele era dos que encontram logo tudo que precisam.

Ele também estava alegre e confiante como todos os que partiam, compreendia-se bem isso: algo grande e novo estava por acontecer; percebia-se por fim, ao redor de nós, uma força que não era a da Alemanha; sentiam-se fisicamente os estalos de todo esse mundo maldito que estava por desmoronar. Ou, pelo menos, isso sentiam os sãos que, embora cansados e esfomeados, podiam se mexer; quem está esgotado demais, nu, descalço, pensa e sente de outra maneira, e o que dominava nossas mentes era a sensação paralisante de sermos totalmente inermes aos caprichos do azar.

Todos os sãos (a não ser uns poucos que, atendendo a sábios conselhos, no último instante tiraram a roupa e sumiram em algum beliche da enfermaria) partiram na noite do dia 18 de janeiro de 1945. Eram uns 20 mil, procedentes de vários campos. Quase todos desapareceram durante a marcha de evacuação, Alberto entre eles. Talvez um dia alguém escreva a sua história.

Nós ficamos em nossos beliches, sozinhos com nossas doenças e com nossa inércia mais forte que o medo.

Em todo o Ka-Be éramos, talvez, uns 800. No nosso quarto, 11, cada um numa cama, a não ser Charles e Arthur que dormiam juntos. Apagara-se o ritmo da grande engrenagem do Campo. Começaram para nós 10 dias fora do mundo e do tempo.

18 de janeiro. Durante a noite da evacuação, as cozinhas do Campo ainda funcionaram e na manhã seguinte foi feita a última distribuição de sopa na enfermaria. A central de aquecimento foi abandonada; nos Blocos restava ainda um pouco de calor, mas, a cada hora que passava, a temperatura ia baixando. Compreendia-se que em breve sofreríamos com o frio. Fora, a temperatura deveria estar a 20° abaixo de zero. A maioria dos doentes só tinha a camisa; alguns, nem isso.

Ninguém sabia qual era a nossa condição. Alguns SS tinham ficado; algumas torres de guarda ainda estavam ocupadas.

Por volta do meio-dia, um sargento SS passou pelos Blocos. Nomeou, em cada um deles, um Chefe de Bloco escolhido entre os não judeus que sobravam e mandou que fosse feita de imediato uma lista dos doentes, discriminando os judeus e os não judeus. Tudo parecia bem claro. Não era de estranhar que os alemães conservassem até o fim sua mania nacional pelas classificações; nenhum judeu acreditou a sério que estaria vivo no dia seguinte.

Os dois franceses não compreendiam nada e estavam assustados. Traduzi-lhes a contragosto o que dissera o SS. Irritava-me o seu medo: não fazia nem um mês que estavam no Campo, ainda não sabiam o que era a fome, nem eram judeus e mesmo assim tinham medo.

Houve ainda uma distribuição de pão. Passei a tarde lendo o livro que o médico me deixara: era um livro interessante, ainda me lembro dele com estranha exatidão. Visitei o setor ao lado do nosso à procura de cobertores: vários doentes tinham tido alta, seus cobertores estavam disponíveis. Levei alguns bem pesados.

Ao saber que os cobertores vinham do Setor dos Disentéricos, Arthur resmungou: – *Y-avait point, besoin de le dire* (Não precisava dizer isso). Realmente, estavam manchados. Quanto a mim, pensava que, em todo caso, em vista do que nos esperava, seria melhor dormirmos bem abrigados.

A noite chegou cedo, mas a luz elétrica ainda funcionava. Vimos com passivo espanto que no canto do Bloco estava um SS armado. Eu não tinha vontade de falar. Como já disse, meu temor era apenas externo, hipotético. Continuei lendo até tarde.

Não havia relógios. Deviam ser onze da noite quando todas as luzes se apagaram, até as dos holofotes nas torres de guarda. Viam-se ao longe os feixes de luz da artilharia antiaérea. No céu escuro floresceu de repente um buquê de luzes violeta que ficaram um tempo imóveis, iluminando intensamente a terra. Ouvia-se o barulho dos aviões.

Logo começou o bombardeio. Não era novidade para nós; desci do beliche, calcei os sapatos, esperei.

Parecia longe; talvez sobre Auschwitz.

Houve, porém, uma explosão bem perto. Nem deu tempo de articular um pensamento e já veio outra, e outra, de arrebentar os tímpanos. Barulho de vidraças quebradas, o Bloco oscilou, caiu no chão a colher que eu guardava fincada numa fresta das tábuas da parede.

Logo pareceu que acabara. Cagnolati, um jovem camponês, ele também dos Vosges, não deve nunca ter assistido a um bombardeio: saiu nu da cama, encolheu-se num canto gritando.

Poucos minutos depois, ficou claro que o Campo tinha sido atingido. Dois Blocos estavam queimando violentamente, mais dois haviam sido aniquilados; eram, porém, Blocos vazios. Chegaram doentes às dúzias, nus e miseráveis, de outro Bloco ameaçado pelo fogo: pediam abrigo. Impossível recebê-los. Insistiram, suplicaram, ameaçaram em várias línguas; tivemos que barricar a porta. Arrastaram-se para outro lugar, na luz das chamas, descalços na neve derretida. Muitos puxavam atrás de si as ataduras soltas. O nosso Bloco não parecia correr perigo a não ser que o vento mudasse.

Os alemães não estavam mais. As torres das sentinelas estavam vazias.

Penso, hoje, que ninguém deveria mencionar a Divina Providência, já que existiu um Auschwitz; não há dúvida, porém, de que naquela hora passou como um vento pelo espírito de todos a lembrança das salvações bíblicas nas extremas desgraças.

Não conseguíamos dormir. Uma vidraça estava quebrada, fazia muito frio. Pensei que deveríamos procurar uma estufa, carvão, lenha e alimentos. Sabia que tudo isso era necessário, mas, sem a ajuda de alguém, nunca teria forças para traduzir o pensamento em ação. Falei com os dois franceses.

* * *

19 de janeiro. Os franceses concordaram. Levantamos ao alvorecer. Sentia-me doente, prostrado; estava com frio, com medo.

Os demais doentes olhavam com curiosidade e respeito: acaso não sabíamos que os doentes estavam proibidos de sair do Ka-Be? E se ainda houvesse algum alemão? Nada disseram, porém, contentes de que alguém servisse de cobaia.

Os franceses não tinham nem ideia da topografia do Campo. Charles, porém, era robusto e corajoso; Arthur era esperto, com o bom senso prático do camponês. Saímos no vento de uma gélida manhã de cerração, envoltos em cobertores.

O que vimos não se parece com outro espetáculo que eu tenha visto ou ouvido relatar.

O Campo, recém-morto, já estava se decompondo. Nada mais de água e luz; portas e janelas quebradas batiam com o vento; rangiam as chapas soltas dos telhados; no alto, ao longe, voavam as cinzas do incêndio. À obra das bombas somava-se a obra dos homens: esfarrapados, vacilantes, esqueléticos, os doentes que estavam em condições de se movimentar arrastavam-se por todas as partes como uma invasão de vermes em cima da terra endurecida pelo gelo. Revistaram todos os Blocos vazios à procura de alimentos e lenha; violaram com fúria insensata os quartos dos odiados Chefes de Bloco grotescamente enfeitados, onde até o dia anterior um *Häftling* qualquer não poderia entrar; incapazes de conter suas excreções, sujaram tudo, poluindo a preciosa neve, agora a única fonte de água para todo o Campo.

Ao redor das ruínas fumegantes dos Blocos queimados, grupos de doentes estavam deitados para aproveitar o resto de calor. Outros assavam nas brasas batatas achadas quem sabe onde e olhavam ao redor de si com olhar feroz. Poucos tiveram força para acender um verdadeiro fogo sobre o qual fazer derreter a neve em recipientes arranjados por aí.

Fomos às pressas até às cozinhas, mas as batatas haviam quase acabado. Enchemos dois sacos que confiamos a Arthur. Entre os destroços do "Bloco dos Proeminentes" achamos, por fim, o que estávamos procurando: uma pesada estufa de ferro com os canos ainda aproveitáveis. Charles trouxe um carrinho de mão; carregada a estufa, coube a mim levá-la até o Bloco, enquanto Charles voltava aos sacos das batatas. Encontrou Arthur desmaiado por causa do frio; carregou os dois sacos e, uma vez assegurados estes, tornou a cuidar do amigo.

Eu, mal aguentando-me de pé, procurava levar o pesado carrinho. Ouviu-se um barulho de motor; um SS de motocicleta entrou no Campo. Como sempre, ao ver um desses rostos duros, mergulhei no terror e no ódio. Já era tarde para me esconder e não queria largar a estufa. O regulamento do Campo prescrevia ficar em posição de sentido e tirar o boné. Eu não tinha boné, e os cobertores me atrapalhavam. Afastei-me uns passos do carrinho, inclinei-me, desajeitado. O alemão seguiu adiante sem me ver, deu uma volta atrás de um Bloco e foi embora. Só mais tarde eu soube qual perigo correra.

Alcancei, por fim, o limiar do nosso Bloco, deixei a estufa nas mãos de Charles. O esforço me deixara sem fôlego; grandes manchas pretas dançavam diante de meus olhos.

Tratava-se agora de instalar a estufa. Nós três estávamos com as mãos duras de frio; o ferro gelado grudava-se à nossa pele. Era urgente, porém, que a estufa funcionasse, para aquecer-nos e para cozinhar as batatas. Encontráramos lenha, carvão e brasas nos Blocos queimados.

Quando consertamos a janela quebrada e a estufa começou a espalhar calor, pareceu que algo se soltava dentro de nós, e Towarowski (um franco-polonês de 23 anos, doente de tifo) sugeriu que cada um oferecesse uma fatia de pão a nós três que trabalhávamos; a sugestão foi aceita.

Ainda um dia antes, esse acontecimento seria inconcebível. A lei do Campo mandava: "Come teu pão e, se puderes, o do vizinho", e não havia lugar para a gratidão. Isso significava que o Campo estava mesmo acabado.

Foi o primeiro gesto humano entre nós. Acho que poderíamos marcar naquele instante o começo do processo pelo qual nós, que não morremos, de *Häftlinge* voltamos lentamente a ser homens.

Arthur havia se recuperado, mas desde então evitou expor-se ao frio; encarregou-se da manutenção da estufa, de cozinhar as batatas, de limpar o quarto e assistir os doentes. Charles e eu repartimos os serviços externos. Aproveitando a última hora de luz, saímos mais uma vez e conseguimos meio litro de álcool e uma latinha de levedura de cerveja que alguém jogara na neve. Distribuímos batata cozida e uma colher de levedura por cabeça. Eu tinha uma vaga ideia do que poderia ajudar contra a avitaminose.

Chegou a noite. Em todo o Campo, o nosso quarto era o único provido de estufa, e disso estávamos orgulhosos. Muitos doentes de outros setores apinhavam-se na porta, mas a estatura imponente de Charles os mantinha afastados. Ninguém, nem nós, nem eles, compreendia que a promiscuidade e as doenças tornavam extremamente perigoso ficar em nosso quarto. Adoecer com difteria nessas condições significava um risco mortal; pior que pular de um terceiro andar.

Eu mesmo, embora o soubesse, não me detinha a pensar nisso. Fazia muito tempo que me acostumara a imaginar a morte por doença como uma eventualidade possível e, nesse caso, inevitável. Nem me passou pela cabeça que poderia mudar-me para outro quarto com menores probabilidades de contágio: aqui estava a estufa, fruto do nosso trabalho, irradiando uma tepidez maravilhosa; aqui eu tinha a minha cama; aqui, por fim, alguns laços já uniam os 11 doentes do *Infektionsabteilung*.

Ouviam-se de tempo em tempo, perto e longe, um fragor de artilharia, um matraquear de metralhadoras. Na escuridão, quebrada apenas pelo vermelhar das brasas, Charles, Arthur e eu ficávamos sentados fumando cigarros feitos com umas ervas aromáticas achadas na cozinha e falando de muitas coisas, passadas e futuras. No meio da planície interminável, cheia de gelo e guerra, nesse quartinho escuro fervilhando de germes, sentíamo-nos em paz conosco e com o mundo. Estávamos mortos de cansaço, mas parecia-nos ter feito algo útil depois de tanto tempo; talvez como Deus após o primeiro dia da criação.

20 de janeiro. Veio a aurora. Era o meu turno para acender a estufa. Além da debilidade geral, as juntas doendo lembravam-me a cada instante que a minha escarlatina não se fora. A ideia de mergulhar mais uma vez no ar gelado, à procura de fogo nos outros Blocos, fazia-me arrepiar.

Lembrei-me das pederneiras. Molhei um papel com álcool; pacientemente, raspei de uma pederneira um montinho de pó preto; logo raspei mais forte a pederneira com a faca. Saltaram faíscas, o montinho se acendeu e do papel surgiu a chama azulada do álcool.

Arthur, cheio de entusiasmo, desceu da cama e esquentou três batatas por cabeça, das já fervidas no dia anterior; depois, esfomeados e tiritantes, Charles e eu saímos mais uma vez a explorar o Campo em ruína.

Tínhamos alimentos (ou seja, batatas) só para dois dias. Quanto à água, era um trabalho enorme derreter a neve, porque nos faltavam recipientes grandes. O líquido que conseguíamos era escuro e turvo; tínhamos que filtrá-lo.

O Campo estava silencioso. Outros espectros esfomeados andavam como nós, explorando: barbudos, olhos encovados; seus membros apareciam esqueléticos, amarelos entre os farrapos. Entravam e saíam, vacilantes, dos Blocos desertos, levando os objetos mais variados: machados, baldes, conchas, pregos; tudo podia servir, e os mais precavidos já projetavam trocas proveitosas com os poloneses dos arredores.

Na cozinha, dois *Häftlinge* brigavam pelas últimas dúzias de batatas podres. Agarrados um ao outro pelos farrapos, surravam-se com gestos estranhamente lentos e incertos; insultos em iídiche saíam de seus lábios enregelados.

No pátio do depósito havia dois montes de couves e nabos, os grossos nabos insípidos da nossa sopa de todos os dias. Estavam tão gelados que só podiam ser arrancados a golpes de picareta. Charles e eu nos alternamos, pondo todas as nossas forças em cada golpe; conseguimos uns 50 quilos. E mais: Charles achou um pacote de sal e (*une fameuse trouvaille!*) um tambor com uns 50 litros de água, na forma de gelo maciço.

Carregamos tudo num carrinho, dos que antes serviam para levar o rancho até os Blocos (havia muitos, abandonados por toda parte); voltamos, custando a empurrar o carrinho na neve.

Naquele dia contentamo-nos ainda com batatas fervidas e fatias de nabo assadas na estufa, mas Arthur prometeu grandes novidades para o dia seguinte.

À tarde, fui ao antigo Laboratório esperando encontrar algo útil, mas outros haviam me precedido: tudo fora revirado por saqueadores inexperientes. Não restava nem um vidro inteiro; no piso, uma camada de farrapos, fezes, material médico, um cadáver nu e retorcido. Algo, porém, tinha passado despercebido: uma bateria de caminhão. Toquei nos polos com a faca, saiu faísca. Estava carregada.

À noite, o nosso quarto teve luz.

Deitado na cama, eu via pela janela um longo trecho da estrada. Fazia já três dias que passava por lá, em ondas, o exército alemão em fuga. Carros blindados, tanques Tigre pintados de branco para camuflá-los, alemães a cavalo, de bicicletas, a pé, armados e desarmados. Ouvia-se, à noite, o barulho das esteiras bem antes que os tanques aparecessem.

Charles perguntava: – *Ça roule encore?*
– *Ça roule toujours.**
Parecia não acabar nunca.

21 de janeiro. Pelo contrário, acabou. No alvorecer do dia 21, a planície apareceu deserta e gelada, branca a perder-se de vista debaixo do voo dos corvos, numa tristeza de morte.

Eu quase preferiria ver algo se mexendo. Até os moradores poloneses sumiram, escondidos quem sabe onde. Até o vento parecia ter cessado. Eu só desejava ficar na cama, debaixo dos cobertores, abandonar-me à prostração total dos músculos, nervos, vontade, esperar que tudo acabasse, ou que não acabasse, dava no mesmo. Como um morto.

Charles, porém, já acendera a estufa, o homem-Charles, ativo, confiante, amigo, e me chamava ao trabalho.

– *Vas-y, Primo, descends-toi de là-haut; il y a Jules à attraper par les oreilles...***

"Jules" era o balde da latrina que, a cada manhã, devíamos pegar pelas alças, levar para fora, despejar na fossa. Era esse o primeiro trabalho do dia, um trabalho nada agradável, porque não havia como lavar as mãos e três de nós estavam com tifo.

---

* Ainda está rodando? – Sempre.
** Vamos, Primo, desce daí, temos que levantar o Jules pelas orelhas...

Devíamos cozinhar as couves e os nabos. Eu fui procurar lenha, Charles juntar neve para derreter e Arthur mobilizar os doentes que conseguiam ficar sentados, para que ajudassem na limpeza das verduras. Towarowski, Sertelet, Alcalai e Schenck atenderam à chamada.

Também Sertelet era camponês dos Vosges; tinha 20 anos, parecia estar bem, mas a sua voz, dia a dia, ia tomando uma sinistra inflexão nasal, lembrando-nos que a difteria raramente perdoa.

Alcalai era um vidraceiro judeu de Toulouse, tranquilo, cordato; sofria de erisipela no rosto.

Schenck era um comerciante eslovaco, judeu. Convalescente de tifo, tinha um apetite formidável. E ainda Towarowski, judeu franco-polonês, tolo e tagarela; útil, porém, à comunidade em vista de seu otimismo contagiante.

Enquanto os doentes limpavam as verduras com suas facas, sentados nos beliches, Charles e eu fomos à procura de um lugar que servisse de cozinha.

Uma sujeira incrível tomara conta de todos os setores do Campo. Abarrotadas as latrinas de cuja manutenção, obviamente, já ninguém cuidava, os disentéricos (mais de uma centena) tinham sujado cada canto da enfermaria, enchido todos os baldes, todos os panelões antes destinados ao rancho, todas as gamelas. A gente não podia dar um passo sem cuidar onde pôr o pé; à noite não dava para se mexer. Embora sofrendo com o frio, sempre agudo, pensávamos com terror no que aconteceria com o degelo: o alastrar-se das infecções, o fedor insuportável. E, derretida a neve, ficaríamos sem água de uma vez.

Depois de longa procura achamos, por fim, num local já destinado a lavatório, uns palmos de chão não muito sujo. Fizemos fogo, desinfetamos as mãos, esfregando-as com cloramina misturada com neve.

A notícia de que estava sendo cozida uma sopa espalhou-se rapidamente na multidão dos semivivos. Na porta foram juntando-se rostos famintos. Charles, empunhando a concha, fez para eles um curto discurso enérgico que, embora fosse em francês, não necessitava de tradução.

A maioria foi embora. Um, porém, se adiantou: era parisiense, alfaiate de classe (disse) e doente do pulmão. Em troca de um litro de sopa, ficaria à nossa disposição para confeccionar-nos roupas aproveitando os muitos cobertores que sobravam no Campo.

Maxime demonstrou sua habilidade. No dia seguinte, Charles e eu tínhamos casaco, calças e luvas feitos com áspero tecido de cores berrantes.

À noite, depois da primeira sopa distribuída com entusiasmo e devorada avidamente, o grande silêncio da planície quebrou-se. Deitados em nossos beliches, cansados demais para podermos realmente nos inquietar, escutávamos os estrondos de misteriosas artilharias que pareciam localizadas em todos os pontos do horizonte, e o assobiar das balas por cima de nós.

Eu pensava que a vida, lá fora, era bela, que poderia ser bela ainda, e que seria uma pena deixar-se afundar justamente agora. Acordei os doentes que cochilavam e, quando estive certo de que todos me ouviam, falei, antes em francês, depois no melhor alemão que consegui arranjar: estava na hora de pensarmos todos em voltar para casa. Pelo que dependia de nós, deveríamos fazer algumas coisas e evitar outras. Cada um deveria conservar a gamela e a colher; ninguém deveria oferecer a outros seu eventual resto de sopa, ninguém deveria sair da cama, a não ser para ir à privada; se alguém precisasse de ajuda, que a pedisse só a nós três; principalmente Arthur estava encarregado de cuidar da disciplina e da higiene. Melhor deixar sujas as gamelas e as colheres do que lavá-las com o risco de trocar as de um diftérico com as de um doente de tifo.

Tive a impressão de que os doentes já estavam indiferentes demais para ligar aos meus conselhos, mas confiava no zelo de Arthur.

22 de janeiro. Se é verdade que é valente quem enfrenta despreocupado um grave perigo, Charles e eu fomos valentes naquela manhã. Prolongamos nossas explorações até o Campo dos SS, logo além da cerca eletrificada.

Pelo visto, os guardas do Campo tinham partido às pressas. Encontramos nas mesas pratos ainda cheios pela metade com sopa congelada, que devoramos com delícia; copos com cerveja que se tornara gelo amarelado; um tabuleiro de xadrez com o jogo pela metade. Nos dormitórios, um monte de objetos preciosos.

Levamos uma garrafa de vodca, vários remédios, diários, revistas e quatro esplêndidos acolchoados, um dos quais está, hoje, em minha casa de Turim. Felizes e inconscientes, trouxemos até o nosso quartinho o fruto da excursão, confiando-o à administração de Arthur. Só à noite soubemos o que aconteceu, talvez meia hora mais tarde.

Uns poucos SS, talvez em debandada – armados, porém –, entraram no Campo abandonado. Encontraram 18 franceses que tinham se instalado no refeitório da *SS-Waffe*. Mataram-nos todos, um por um, com um tiro na nuca; enfileiraram os corpos contorcidos na neve da rua e foram embora. Os 18 cadáveres ficaram expostos até a chegada dos russos: ninguém teve forças para enterrá-los.

De qualquer maneira, em todos os Blocos havia camas ocupadas por cadáveres, rígidos como madeira, que ninguém se preocupava em remover. O chão estava gelado demais para cavar fossas. Muitos corpos foram amontoados numa trincheira, mas já nos primeiros dias o monte emergia da escavação, uma horrenda vista da nossa janela.

Apenas um tabique nos separava do setor dos disentéricos. Lá os moribundos eram muitos e muitos os mortos. O chão estava coberto por uma camada de excrementos congelados. Ninguém tinha forças para sair de baixo dos cobertores à procura de comida; quem antes as tivera, não voltou para socorrer os companheiros. Na mesma cama, enlaçados para suportar melhor o frio, bem ao lado do tabique, estavam dois italianos. Seguidamente ouvia-os falar, eles, porém, não se deram conta da minha presença porque eu só falava francês. Naquele dia ouviram meu nome, pronunciado em italiano por Charles, e desde então não pararam de gemer e implorar.

Claro, bem que desejaria ajudá-los se tivesse os meios e a força, mesmo que fosse para acabar com a obsessão de seus gritos. À noite, terminados os trabalhos, vencendo o cansaço e o nojo, arrastei-me tateando até eles, pelo corredor imundo e escuro, com uma gamela de água e a sobra da nossa sopa. Resultado: desde então, através do fino tabique, o setor inteiro dos diarreicos gritou, dia e noite, o meu nome, nas inflexões de todas as línguas da Europa, acompanhadas de súplicas incompreensíveis sem que eu nada pudesse fazer. Eu estava por chorar; poderia amaldiçoá-los.

A noite nos reservou más surpresas.

Lakmaker, na cama de cima do meu beliche, era um miserável destroço humano. Era (ou tinha sido) um judeu holandês de 17 anos, alto, magro e dócil. Fazia três meses que estava acamado; nem sei como fugiu às seleções. Tivera tifo e logo escarlatina; apresentara um grave problema cardíaco, estava cheio de escaras, tanto que só podia deitar de bruços. Apesar de tudo, tinha um apetite feroz. Só falava holandês; nenhum de nós o entendia.

Talvez a causa de tudo fosse a sopa de couves e nabos, da qual ele quis duas rações. No meio da noite queixou-se, atirou-se da cama. Tentou chegar à privada, mas estava fraco demais. Caiu no chão, chorando e gritando.

Charles ligou a luz (a bateria confirmou-se providencial) e constatamos a gravidade do caso. A cama do rapaz e o chão estavam sujos. No quarto, em breve o cheiro das fezes tornou-se insuportável. Tínhamos apenas uma pequena reserva de água; faltavam-nos cobertores e colchões sobressalentes. O coitado, doente de febre tifoide, era um foco terrível de infecção. Em todo caso, não podíamos deixá-lo ali a noite toda, gemendo e batendo queixo no meio da sujeira.

Charles saiu da cama e vestiu-se em silêncio. Enquanto eu segurava a luz, ele cortou fora, com a faca, todas as partes sujas do colchão e dos cobertores; levantou Lakmaker do chão com cuidado maternal, limpou-o como pôde com palha retirada do colchão, colocou-o de volta na cama, na única posição na qual o coitado podia deitar;

raspou o chão com um pedaço de chapa, dissolveu um pouco de cloramina; por fim salpicou tudo com desinfetante, inclusive a si próprio.

Eu avaliava a sua abnegação pelo cansaço que deveria suportar se fizesse o que ele fez.

23 de janeiro. Nossas batatas haviam acabado. Fazia dias que corria pelos Blocos o boato de um enorme silo cheio de batatas, situado em alguma parte, não muito longe, além da cerca.

Algum pioneiro desconhecido teria dado pacientes buscas? Ou havia quem conhecesse o lugar certo? O fato é que, na manhã do dia 23, um trecho de cerca estava derrubado e uma dupla procissão de miseráveis saía e entrava pela abertura.

Charles e eu partimos, no frio da planície lívida. Cruzamos a cerca.

– *Dis donc, Primo, on est dehors!* (E aí, Primo? Estamos fora!)

Era verdade. Pela primeira vez desde o dia da minha chegada, eu estava livre, sem guardas armados, sem que arames farpados me separassem da minha casa.

As batatas estavam a uns 400 metros do Campo: um tesouro. Duas fossas compridas cheias de batatas, cobertas por camadas de palha e de terra para protegê-las do gelo. Ninguém mais morreria de fome.

Extrair as batatas não era um trabalho fácil. Por causa do gelo, a terra estava dura como mármore. Precisava-se dar duro com a picareta para furar a crosta e destapar o depósito. A maioria de nós, porém, preferia entrar pelos furos deixados pelos outros, penetrar profundamente na abertura e alcançar as batatas aos companheiros que esperavam fora.

Um velho húngaro tinha sido colhido lá pela morte. Jazia duro na postura do faminto: a cabeça e os ombros por baixo da terra, o ventre na neve, estendendo as mãos para as batatas. Os que chegaram depois afastaram um pouco o cadáver e, desobstruída a abertura, retomaram o trabalho.

Desde então, nossa alimentação melhorou. Além das batatas cozidas e da sopa de batatas, oferecemos aos nossos doentes bolinhos de batatas, receita de Arthur: ralávamos batatas cruas, misturando-as com batatas cozidas e esmagadas; assávamos a mistura na chapa. Tinham sabor de fuligem.

Sertelet, porém, não pôde aproveitar os bolinhos. Piorara. Falava em tom cada vez mais nasal. Naquele dia, já não conseguiu engolir alimento algum. A sua garganta estava trancada, cada bocado arriscava sufocá-lo.

Fui à procura de um médico húngaro que, doente, ficara no Bloco em frente ao nosso. Ao ouvir falar em difteria, deu uns passos atrás e me mandou sair.

Por motivos unicamente psicológicos, fiz a todos instilações nasais de óleo canforado. Assegurei a Sertelet que o aliviariam; eu mesmo tentava me convencer disso.

24 de janeiro. Liberdade. A abertura na cerca de arame farpado dava-nos a imagem concreta da liberdade. Pensando bem, isso significava nada mais de alemães, de seleções, de trabalho, de pancadas, de chamadas – e, talvez, mais tarde, o retorno.

Custava-nos, porém, convencer-nos disso e ninguém ainda tinha tempo de alegrar-se. Ao redor de nós, tudo era destruição e morte.

O monte de cadáveres na frente da nossa janela transbordava fora da escavação. Apesar das batatas, estávamos todos extremamente fracos. Os doentes do Campo não saravam. Muitos, pelo contrário, adoeciam de pneumonia e disenteria; os que não estavam em condições de se mexer, ou aos quais faltava energia para isso, jaziam entorpecidos nos beliches, duros de frio; morriam, e ninguém se dava conta.

Todos os demais estavam terrivelmente cansados. Depois de meses e anos de Campo de Concentração, não são batatas que podem devolver a força a um homem. Depois de cozida a sopa, Charles e eu arrastávamos o panelão de 25 litros do lavatório até o quarto, tínhamos que nos jogar logo, ofegantes, na cama. Arthur fazia a distribuição, cuidando para que sobrassem as três rações de *rabiot pour les travailleurs* e um resto *pour les italiens d'à coté*.*

No segundo quarto das doenças infecciosas, ao lado do nosso e habitado, na maioria, por tuberculosos, a situação era bem diferente. Os que puderam, mudaram-se para outros Blocos. Os doentes mais graves, os mais fracos, acabavam-se um a um, em solidão.

Uma manhã entrei lá para pedir emprestada uma agulha. Um doente agonizava numa das camas de cima. Ouviu-me, ergueu-se, debruçou-se na borda de cabeça para baixo, com o busto e os braços rígidos, brancos os olhos. O da cama inferior estendeu os braços, instintivamente, para segurá-lo; compreendeu, então, que o outro estava morto. Não aguentou o peso; o morto deslizou até o chão e lá ficou. Ninguém sabia seu nome.

No Bloco 14, porém, acontecera algo novo. Lá estavam os operados, entre os quais vários em condições razoáveis. Organizaram uma expedição até o Campo dos prisioneiros de guerra ingleses, na suposição de que tivesse sido evacuado. Foi uma empresa proveitosa. Voltaram de farda cáqui, com um carrinho cheio de maravilhas nunca vistas: margarina, pós para fazer pudim, toucinho, farinha de soja, aguardente.

---

* "Três rações de sobra para os trabalhadores e um resto para os italianos do lado." (N. do T.)

À noite, ouvia-se cantar no Bloco 14.

Nenhum de nós achava-se com forças para andar dois quilômetros até o Campo inglês e voltar com a carga. Indiretamente, porém, essa expedição afortunada tornou-se vantajosa para muitos. A repartição desigual dos bens fez florescer novamente a indústria e o comércio. No nosso quartinho de ar infecto surgiu uma fábrica de velas, derretidas em fôrmas de papelão e com o pavio embebido em ácido bórico. Os ricos do Bloco 14 absorviam toda a nossa produção, pagando com toucinho e farinha.

Fui eu que encontrei o bloco de cera virgem no *Elektromagazin*. Lembro a cara desapontada dos que me viram levando isso: – Para quê?

Não convinha revelar um segredo de fabricação. Ouvi a mim mesmo responder com as palavras já ditas tantas vezes pelos velhos do Campo, palavras dos que se orgulham de ser "bons prisioneiros", gente que sabe se virar: – *Ich verstehe verschiedene Sachen...* (Eu conheço variadas coisas...)

25 de janeiro. Foi a vez de Sómogyi. Ele era um químico húngaro de uns 50 anos, magro, alto, taciturno. Como o holandês, convalescia de tifo e de escarlatina, mas sobreveio algo novo. Febre alta. Durante cinco dias, talvez, não disse uma palavra. Naquele dia falou, com voz firme:

– Tenho uma ração de pão debaixo do colchão. Dividam-na vocês três. Eu não vou comer mais.

Nada objetamos; todavia, não tocamos no pão. Metade de seu rosto inchara. Enquanto esteve consciente, guardou um silêncio ríspido.

Ao entardecer, porém, o silêncio transformou-se em delírio e assim continuou durante toda a noite e nos dois dias seguintes sem parar. Obedecendo a um último sonho interminável de obediência, de escravidão, começou a sussurrar *Jawohl* a cada emissão de aleto. Regular, constante como uma máquina: *Jawohl*, cada vez que se abaixava essa pobre arca de costelas. Milhares de vezes, dava vontade de sacudi-lo, de sufocá-lo – que, ao menos, mudasse essa palavra.

Nunca, mais do que então, compreendi como é penosa a morte de um homem.

Fora continuava um grande silêncio. O número dos corvos aumentava e todos sabiam por quê. Só de vez em quando reaviva-se o diálogo das artilharias.

Todos diziam uns aos outros que os russos chegariam em breve, que chegariam já; todos o proclamavam, todos estavam certos disso, mas ninguém conseguia aceitá-lo tranquilamente em seu íntimo. Porque nos Campos perdem-se o hábito da esperança e até a confiança no próprio raciocínio. No Campo, pensar não serve para nada, porque os fatos acontecem, em geral, de maneira incompreensível; pensar é, também, um mal porque conserva viva uma sensibilidade que é fonte de dor, enquanto uma clemente lei natural embota essa sensibilidade quando o sofrimento passa de certo limite.

A gente cansa da alegria, do medo, até da dor; cansa também da espera. Quando chegou o dia 25 de janeiro, rompidos já há oito dias os laços com esse mundo feroz que, apesar de tudo, constituía um mundo, a maioria de nós estava cansada demais até para esperar.

À noite, ao redor da estufa, Charles, Arthur e eu sentimos, ainda uma vez, que tornávamos a ser homens. Podíamos falar de tudo. Empolgava-me o que dizia Arthur de como passava os domingos em Provenchères, nos Vosges; Charles chegou quase a chorar quando contei a história do armistício na Itália, do início confuso e desesperado da guerrilha, do homem que nos traiu, de como fomos capturados nas montanhas.

Na escuridão, atrás de nós, os oito doentes não perdiam uma sílaba do que dizíamos; mesmo aqueles que não compreendiam francês. Apenas Sómogyi teimava em confirmar a sua obediência à morte.

26 de janeiro. Jazíamos num mundo de mortos e de fantasmas. O último vestígio de civilização desaparecera ao redor e dentro de nós. A obra de embrutecimento empreendida pelos alemães triunfantes tinha sido levada ao seu término pelos alemães derrotados.

É um homem quem mata, é um homem quem comete ou suporta injustiças; não é um homem que, perdida já toda reserva, compartilha a cama com um cadáver. Quem esperou que seu vizinho acabasse de morrer para tirar-lhe um pedaço de pão, está mais longe (embora sem culpa) do modelo do homem pensante do que o pigmeu mais primitivo ou o sádico mais atroz.

Uma parte da nossa existência está nas almas de quem se aproxima de nós; por isso, não é humana a experiência de quem viveu dias nos quais o homem foi apenas uma coisa ante os olhos de outro homem. Nós três ficamos em grande parte imunes a isso e por essa razão nos devemos gratidão recíproca. Minha amizade com Charles resistirá ao tempo.

Milhares de metros acima de nós, nos rasgões das nuvens cinzentas, desenrolavam-se os complicados mistérios dos duelos aéreos. Acima de nós que estávamos nus, impotentes, inermes, homens do nosso tempo procuravam a recíproca morte com os instrumentos mais refinados. Bastaria que um deles movesse um dedo e poderia destruir o Campo todo, aniquilar milhares de homens, enquanto a soma de todas as nossas energias e vontades não bastaria para prolongar por um minuto a vida de um só entre nós.

À noite cessou o barulho dos aviões. O quarto tornou a se encher com o monólogo de Sómogyi.

De repente, encontrei-me desperto no escuro. *L'pauv' vieux* emudecera: acabara. No último espasmo de vida, jogara-se do beliche. Ouvi o baque dos joelhos, dos quadris, dos ombros, da cabeça.

– *La mort l'a chassé de son lit* (a morte o enxotou da cama) – definiu Arthur.

Claro que não poderíamos levá-lo para fora durante a noite. Só nos restou pegar no sono outra vez.

27 de janeiro. O alvorecer. No chão, a horrível desordem de membros enrijecidos, a coisa Sómogyi.

Há trabalhos mais urgentes a fazer. Não podemos lavar-nos, não podemos tocar nele antes de termos cozinhado e comido. E, além disso,... *rien de si dégoûtant que les debordements* (nada mais nojento que os transbordamentos), diz, com razão, Charles: devemos esvaziar a latrina. Os vivos são mais exigentes; os mortos podem esperar. Iniciamos nosso trabalho como sempre.

Os russos chegaram enquanto Charles e eu levávamos Sómogyi um pouco mais longe. Ele era muito leve. Viramos a maca na neve cinzenta.

Charles tirou o boné. Eu senti não ter boné para tirar.

Dos 11 da *Infektionsabteilung,* Sómogyi foi o único que morreu nesses 10 dias. Sertelet, Cagnolati, Towarowski, Lakmaker e Dorget (deste não falei; era um industrial francês que, depois de operado de peritonite, adoeceu de difteria) morreram umas semanas mais tarde, na enfermaria provisória russa de Auschwitz. Em abril, em Katowice, encontrei Schenck e Alcalai com boa saúde. Arthur reuniu-se alegremente com a sua família e Charles recomeçou a ensinar; já trocamos longas cartas. Espero poder revê-lo algum dia.

Avigliana-Turim, dezembro 1945 – janeiro 1947

Impressão e Acabamento:
EDITORA JPA LTD